उजली राहों पर उड़ते परिन्दे

Understanding according to time

डा. कृष्ण पाल सिंह तेवतिया

DR. KRISHAN PAL SINGH (TEOTIA)

Professor in Physics, Mathura

Qurate
quratebooks.con

उजली राहों पर उड़ते परिन्दे

डा. कृष्ण पाल सिंह तेवतिया

First Edition: 2024

© Published by

Qurate Books Pvt. Ltd.
F-16, Alfran Plaza, Mahatma Gandhi Road,
Opp. Don Bosco School, Panaji- Goa 403001
Contact No: 18002106527
www.quratebooks.com

ISBN: 978-93-58981-86-5

DEDICATED TO
MY
MOTHER - FATHER

श्री (स्व) हरनाम सिंह - श्रीमती कस्तूरी देवी

प्रस्तावना

आज मानव की मानवीय भावना को व्यक्त करने, समझने के लिए शिक्षा एक अनिवार्य विषय है, जिसमें समाजिक एव स्वस्थ जीवन के लगभग सभी महत्वपूर्ण तत्व शामिल हैं। अंततः, "उजली राहों पर उड़ते परिन्दे" नामक पुस्तक मानव की इन्ही आवश्यकताओं को ध्यान में रखते हुए लिखी गई है।

इस पुस्तक को लिखने का उद्देश्य आज के वातावरण को संक्षिप्त एवं बहुत सरल तरीके से प्रस्तुत करना है; ताकि एक आम पाठक भी बुनियादी बातों को समझ सकें। इसे देखते हुए, प्रत्येक विचार की शुरुआत एक सरल परिचय से की गई है। कुछ ज्वलंत विषयों को उदाहरण की मदद से, विस्तृत विवरण के साथ समझाने की कोशिश की गई है। आधुनिक समय की समस्याएँ केवल संख्यात्मक नहीं; अपितु तर्क पर ध्यान केंद्रित करती हैं और विचारशील विश्लेषण की आवश्यकता को दर्शाती है।

छोटी छोटी कहानियों, विचारों के विश्लेषण से पाठकगण अपने ज्ञान का परीक्षण करने में सक्षम होंगे एवं विभिन्न अध्यायों से गुजरने के बाद

"क्या हासिल किया है" जान पायेंगे। इस पुस्तक को इस तरह से तैयार किया गया है कि पाठकगण जानकारी को आसानी से समझ सकें, आनंदित महसूस करें और उनका समय भी बचे। पांडुलिपि में लगभग 40 अध्याय हैं जो विभिन्न देशकाल के अनुसार तैयार किए गए हैं। इस तरह एक साथ सीखने और अपने ज्ञान का परीक्षण करने का अवसर मिलेगा। बहुत विस्तार से पांडुलिपि को इस तरह व्यवस्थित किया गया है कि यह विभिन्न विषयों के बीच एक जुड़ाव महसूस हो सके। भाषा को सरल बनाने के लिए, सभी आवश्यक अभिव्यक्तियों की भौतिक विशेषताओं पर चर्चा की गई है। प्रभावी आख्यान प्रस्तुतियों के लिए चित्र लिए गये हैं।

हम क्यूरेट पब्लिकेशन की पूरी टीम को (विशेष रूप से, बहुत कम समय में इस पुस्तक को लाने के लिए) धन्यवाद देना चाहते हैं। पुस्तक की समीक्षा के लिए समय निकालने के लिए समीक्षकों का भी विशेष आभार।

प्रकाशक का नोटः

डा. कृष्ण पाल सिंह तेवतिया एवं क्यूरेट पब्लिकेशन, पाठकगणों से सुधार के लिए उनके बहुमूल्य विचार, टिप्पणियाँ और सुझाव प्राप्त करने के लिए उत्सुक है। कृपया अपने सुझाव पंक्ति संख्या, शीर्षक और लेखक के नाम का उल्लेख करते हुए भेजें।

धन्यवाद।

●●●

लेखक परिचय

डा. कृष्ण पाल सिंह तेवतिया मथुरा, उत्तर प्रदेश में विगत 25 वर्षो से स्थायी रूप से निवास कर रहें हैं। आपका जन्म 24 अगस्त 1978 (कृष्ण जन्माष्टमी) को बुलन्दशहर, उत्तर प्रदेश के गाँव "गनौरा शेख" के एक किसान परिवार में हुआ। आपके पिता एक वास्तविक किसान एवं डी. ए. वी महाविद्यालय, बुलन्दशहर के भौतिक विभाग मे कार्यरत थे। आपकी प्रारम्भिक शिक्षा गाँव के स्कूल से ही प्राप्त हुई। आपने डा. बी.आर. अम्बेडकर विश्वविद्यालय, आगरा से 2011 में डॉक्टरेट की उपाधि के दौरान, विशेष रुप से प्लाज्मा के गतिक लाक्षणिक गुणों पर शोधकार्य किया। आपने राष्ट्रीय और अंतर्राष्ट्रीय पत्र- पत्रिकाओं में अनेक शोध पत्र और सम्मेलनों में लेख प्रकाशित किए हैं। उन्होंने कई पुस्तकों का सह-लेखन और सह - संपादन किया है। आप प्लाज्मा साइंस सोसाइटी ऑफ इंडिया (PSSI), के आजीवन सदस्य हैं।

डॉ. तेवतिया ने बीएसए कॉलेज, मथुरा के भौतिकी विभाग में शोधार्थी के रूप में कार्य किया है। इसके अलावा, आपने मथुरा के कई कॉलेजों में

लगभग 20 वर्षों से ज्यादा उत्कृष्ट शिक्षण अनुभव प्राप्त किया हैं।

डॉ. तेवतिया पीएचडी छात्रों को उनकी शोध परियोजनाओं और डिग्री की उपलब्धि के लिए मार्गदर्शन करते रहे हैं। उन्होंने अपने अनुसंधान के क्षेत्र को एप्लाइड फिजिक्स से लेकर प्लाज्मा फिजिक्स तक विविधीकृत किया है, जिसके लिए वह आई.आई.टी दिल्ली में डॉ. एच. के. मलिक (प्रवक्ता, भौतिकी) एवं डा. खुशवंत सिंह (प्रवक्ता, बीएसए कॉलेज, मथुरा) के साथ सहयोग कर रहे हैं। इंजीनियरिंग कॉलेज (मथुरा) में शिक्षण क्षेत्र में अपनी वर्तमान भागीदारी के बावजूद, वह विभिन्न शैक्षणिक, सामाजिक, पारिवारिक जिम्मेदारियां निभा रहे हैं।

●●●

अनुक्रमणिका

1. घुमक्कड़ी जीवन का आनंद

घूमना - फिरना केवल मनुष्य की बपोती नही है, जो भी जीव आनंद का अनुभव प्राप्त करना चाहता है वह अवश्य ही घुमना-फिरना चाहेगा। मेरे अनुसार पक्षी ज्यादा घुमक्कड़ी होते हैं। इस कारण हम पक्षीयों को विश्व में शान्ति और सदभाव के राजदूत के रूप मे ले सकते हैं। ये स्वतंत्र रूप से एक - दूसरे देशों में जातें हैं, प्रवास करतें हैं, भोजन, सुरक्षा, सम्मान और आश्रय प्राप्त करतें हैं। ये न तो आपस में और न ही अन्य प्रजातियों के साथ कभी झगड़ते है। ये पक्षी हम नागरिकों को प्रेम और साहचर्य का सन्देश भी देतें हैं। अतः हमारा कर्तव्य बनता है कि प्रवासी पक्षियों को, चाहे वे विदेशों से आएं हो अथवा देश के विभिन्न भागों से, सर्वप्रथम इनकी सुरक्षा सुनिश्चित करें। इनके भोजन, संरक्षण, प्रवास आदि हेतू प्रेम और करुणा के भाव रखें!

सहज रूप से, प्रवासी पक्षी जानते हैं कि उन्हें कहाँ प्रवास करना है, घर वापस कैसे जाना है? वे अपना रास्ता खोजने में मदद के लिए सितारों, सूर्य और पृथ्वी के चुंबकत्व का उपयोग करते हैं। पक्षी भी इन्सान की

तरह हमेशा अपने मूल घर को लौटते हैं जहां उनका जन्म हुआ था। हर साल एक निश्चित समय पर ही पक्षी घुमक्कड़ी के लिए निकलने लगते हैं और आप अपने आँगन में हर साल उस पक्षी को देखते हैं। पक्षियों में एक प्रकार की आंतरिक घड़ी हैं जो उनके शरीर को यात्रा के लिए तैयार करती है। कई पक्षियों का प्रवास मार्ग उनके जीन में अंकित होता है। इस तरह प्रवासी पक्षियों की संतानें भी अपने माता-पिता के द्वारा लिए गए मार्गों का अनुसरण करती हैं। हालाँकि बहुत सारे बड़े पक्षी (हंस और गीज़) अपने अनुभवी रिश्तेदारों का अनुसरण करते हैं या छोटे पक्षी बिना किसी गाइड के अपना पहला प्रवास भी कर सकते हैं। ऐसा मान सकते हैं कि घुमक्कड़ी जीवों मे एक प्रकार का आंतरिक कम्पास विरासत में मिलता है जो उन्हें बताता है कि कहाँ व कब जाना है? खिलाड़ियों की तरह, पक्षी भी यात्रा से काफी पहले ही शारीरिक व मानसिक रूप से तैयारी शुरू कर देते हैं। जैसे अधिक खाना, वजन बढ़ाना, लगते हैं, जिगर और प्रजनन अंगों का सिकुड़ना, ऑक्सीजन और वसा को अधिक कुशलता से उपयोग करने में सक्षम बनाने हेतू कोशिका झिल्ली का बदलाव, उड़ान पंखों को नवीनीकृत करना आदि। प्रवासी पक्षियों को "कैलेंडर पक्षी" और "मौसम पक्षी" में विभाजित किया जा सकता है। कुछ पक्षी हर साल बिल्कुल एक ही समय पर आगमन अथवा प्रस्थान करते हैं, जबकि कुछ का समय मौसम पर आधारित होता है।

हमिंगबर्ड सबसे छोटे प्रवासी पक्षी हैं (1/8 औंस), जो 48 किलोमीटर प्रति घंटे तक की तेज़ गति से यात्रा कर सकते हैं। ये साल में दो बार मैक्सिको की खाड़ी के पार जाते हैं, जिसकी दूरी 600 मील तक हो सकती है। इतने छोटे पक्षी के लिए यह एक बहुत लंबी यात्रा है! कुछ पक्षी 16,000 मील तक की भी यात्रा कर सकते हैं। प्रतिदिन 8 घंटे की यात्रा करके, अपने प्रवास स्थल तक पहुँचने में 66 दिन तक लग सकते हैं। अतः हम सुनिश्चित करें कि उनके पहुंचने पर ताजा भोजन और पानी से उनका

स्वागत किया जाए।

सभी पक्षी कम ऊंचाई पर यात्रा नहीं करते। सॉन्गबर्ड्स 500 से 2,000 फीट, गीज़ 29,000 - 37,000 फीट की ऊंचाई पर यात्रा करते हुए देखा जा सकता है। कुछ पक्षी कम पंख फड़फड़ाने और अधिक फिसलन के साथ ऊर्जा बचाने के लिए अधिक ऊंचाई पर यात्रा करते हैं। वायुमण्डलीय घनत्व परिवर्तन से प्राकृतिक लिफ्ट को बढ़ावा देने के लिए ऊंचाई और ऊपर - नीचे जाते हैं।

सर्दियों मे लंबी यात्रा के लिए पक्षी शरीर में वसा का निर्माण करते हैं। वे कुछ खाद्य पदार्थों से अपना पेट भरते हैं और अपने शरीर के वजन का 50% तक आरक्षित रखते हैं। जब पक्षी प्रवास से लौटते हैं या निकलने की तैयारी कर रहे होते हैं; वे भूखे होते हैं!

पक्षी संभावित खतरों से बचने के लिए अथक प्रयास करते हैं। उनके सबसे बड़े खतरों में उल्लू या बाज जैसे शिकारी, निर्जलीकरण, भुखमरी, समुद्र में तेल ड्रिलिंग, पवन चक्कियां, बिजली स्टेशन और भारी जलवायु परिवर्तन शामिल हैं। इन सभी खतरों को सहज रूप से ध्यान में रखा जाता है, फिर भी पक्षी अपनी यात्रा के दौरान पूरी तरह से सुरक्षित नहीं होतें हैं। लंबी दूरी की यात्रा करने के बाद पक्षी बहुत भूखे होते है। इस कारण प्रवास उड़ान समाप्त करने के बाद, अपर्याप्त पानी व भोजन के कारण, उन्हें निर्जलीकरण, भुखमरी का सामना करना पड़ सकता है।

घुमक्कड़ी पक्षी का पहला प्रवास बहुत जोखिम भरा होता है। यात्रा में नए वातावरण, रोगजनक और शिकारियों सहित बड़े खतरे होते हैं। इस दिशा मे किशोर पक्षियों को सबसे अधिक खतरा होता है। एक अध्ययन से पता चलता है कि 80% से अधिक मृत सोंगबर्ड में युवा पक्षी शामिल होते हैं। जो पक्षी अपने पहले प्रवास से बच जाते हैं, वे उन पक्षियों की तुलना में अधिक समय तक जीवित रहते हैं जो प्रवास नहीं करते हैं। एक छोटा सा वार्बलर दस या बारह वर्षों तक दुनिया भर में यात्रा कर सकता है।

मई, एक लोकप्रिय प्रवास माह है, यह अनुमान लगाया जाता है कि लाखों पक्षी प्रतिदिन विभिन्न राज्यों की सीमाओं को पार करते हैं। अध्ययनों से पता चलता है कि भोजन के लिए प्रतिस्पर्धा पक्षियों को दूर की यात्रा करने के लिए मजबूर करती है जबकि अधिक प्रभावशाली पक्षी घर पर रहते हैं। कुछ पक्षी तो साल - दर - साल एक विशिष्ट स्थान पर लौट सकते हैं (यहाँ तक कि एक ही टहनी पर भी)! वैज्ञानिक अभी भी पूरी तरह से नहीं समझ पाए हैं कि यह सटीक नेविगेशनल मेमोरी कैसे काम करती है।

●●●

2. कमजोरियां और अहसास

बहुत पुरानी बात है एक बुजुर्ग डाकिया, एक घर के दरवाजे पर दस्तक देते हुए बोला - ''अपनी चिट्ठी ले लीजिये।'' अंदर से एक लड़की की आवाज गूंजी ''अभी आ रही हूँ तनिक ठहरो।'' डाकिये ने फिर से दोहराया ''अरे भाई! कोई है क्या, अपनी चिट्ठी ले लो, मुझें औऱ बहुत जगह जाना है''

लड़की की फिर आवाज आई, ''डाकिया चाचा, अगर आपको जल्दी है तो दरवाजे के नीचे से चिट्ठी अंदर डाल दीजिए, मुझे कुछ देर औऱ लगेगा।'' अब बूढ़े डाकिये ने झल्लाकर कहा,''मैं खड़ा हूँ, रजिस्टर्ड चिट्ठी है, हस्ताक्षर भी चाहिये।''

काफी समय बाद दरवाजा खुला। डाकिया दरवाजा खुलते ही चौंक गया औऱ उसकी आँखें खुली की खुली रह गई। उसका सारा गुस्सा पल भर में फुर्र हो गया था। सामने एक नन्ही सी अपाहिज, जिसका एक पैर नहीं था, खड़ी थी। लडक़ी को बेहद मासूमियत से चुपचाप डाक देकर और उसके हस्ताक्षर लेकर वह वहाँ से चला गया। अपाहिज लड़की अक्सर अपने घर

में अकेली ही रहती थी। उसकी माँ इस दुनिया में नहीं थी और पिता कहीं बाहर नौकरी करते थे।

जब कभी उस लड़की के लिए कोई डाक आती, डाकिया एक आवाज देता और जब तक वह लड़की दरवाजे तक न आती तब तक इत्मीनान से दरवाजे पर खड़ा रहता। धीरे - धीरे मेलजोल औऱ भावनात्मक लगाव बढ़ता गया। लड़की ने बहुत ग़ौर से डाकिये को देखा, उसने पाया कि डाकिये के पैर में जूते नहीं हैं। वह हमेशा नंगे पैर ही डाक देने आता था। एक दिन जब डाकिया डाक देकर चला गया, तब उस लड़की ने, गीली मिट्टी में डाकिये के पाँव के निशान पर काग़ज़ रख कर, पाँवों का नाप उतारा और जूते मंगवाकर घर में रख लिए।

दीपावली के त्योहार पर डाकिये ने मुहल्ले के लोगों से उपहार प्राप्त कर, उस छोटी लड़की के बारे में सोचा ''गली में आया हूँ तो उससे भी मिल ही लूँ।'' डाकिये ने बहुत सोच विचार कर उस लड़की के लिए पाँच रुपए की चॉकलेट खरीद कर, घर का दरवाजा खटखटाया।

आवाज आई '' कौन ?

''मैं हूं गुड़िया, डाकिया चाचा'' उत्तर मिला।

लड़की ने दरवाजा खोला, बूढ़े डाकिये ने उसे चॉकलेट थमा दी औऱ कहा - ''ले बेटी अपने ग़रीब चाचा के तरफ़ से ''

लड़की ने कुछ देर डाकिये को वहीं इंतजार करने के लिए कहा। घर के अन्दर गई और एक बड़ा सा डब्बा लायी। डाकिये के हाथ में देते हुए उसने कहा - '' चाचा! मेरी तरफ से दीपावली पर आपको यह भेंट है।''

डब्बा देखकर डाकिया बहुत आश्चर्य में पड़ गया। उसे समझ में नहीं आ रहा था कि वह क्या कहे। लड़की ने उससे आग्रह किया कि '' चाचा! इसे घर ले जाकर खोलना।''

डाकिया आश्चर्यचकित रह गया, क्योंकि उसमें एक जोड़ी जूते थे, उसकी आँखें आंसुओं से भर गई! उसको यक़ीन नहीं हो रहा था कि एक

छोटी सी अपाहिज लड़की, उसके लिए इतना फ़िक्रमंद हो सकती है।

डाकिये ने वे जूते पोस्टमास्टर की टेबल पर रखते हुए सारी कहानी सुनाई और भीगी आँखों और रुंधे गले से कहा, "श्रीमान! आज के बाद मैं उस गली में नहीं जा सकूँगा। उस छोटी अपाहिज बच्ची ने मेरे नंगे पाँवों को तो जूते दे दिये; पर मैं उसे पाँव कैसे दे पाऊँगा?" इतना कहकर डाकिया फूटफूट कर रोने लगा।

●●●

3. होटल में कीमती तवा रोटी

लोग अक्सर दिखावे के चक्कर में छोटे - मोटे होटल / रेस्टोरेंट को नकार कर, आकर्षक से दिखने वाले (सो कॉल्ड हाई फाइ) महंगे रेस्टोरेंट में पहुँच जाते हैं। जहां एक सादी तवा रोटी 35 रुपये की मिलती है, जो साधारणतः पांच - दस रूपए मे मिलसकर्तीथी। आज के महंगाई भरे दौर में भी भारत देश में लगभग हर शहर में 35 रुपये में एक आम व्यक्ति अपना पेट भर सकता है। लेकिन झूठे दिखावे के चक्कर मे हम लोग रोड पर बने साधारण से ढाबे - टपरी को छोड़कर, आलिशान दिखाई देने वाले होटल आदि पर जाते हैं। जहां पर आपको मात्र एक रोटी के लिये 35 रुपये तक क़ीमत चुकानी पड़ सकती है। (बिल संलग्न है)।

मै कहुंगा, सच में मेरा देश बदल रहा है और भारत देश में ग़रीबी ख़त्म हो रही है ।

CASH/BILL
DESCRIPTION QTY RATE AMOUNT

DESCRIPTION	QTY	RATE	AMOUNT
DAL FRY	1.0	210.00	210.00
TAWA ROTI	2.0	35.00	70.00
JEERA RICE-HF	1.0	85.00	85.00
	1.0	140.00	140.00
MINERAL WATER	1.0	19.04	19.04

TOTAL GST 26.22
CASH 550.00
THANKS FOR VISIT ---- HAVE A NICE DAY

●●●

4. पृथ्वीलोक का सूर्य से तुलनात्मक आकार

विज्ञान के अनुसार सूर्य से उठने वाले सौर तूफान पृथ्वी को पल भर में फूंक सकते है। ज्यादातर सौर तूफानों की उष्मीय ऊर्जा, ब्रह्मांड में विसर्जित हो जाती है। लेकिन अगर पृथ्वी किसी दिन सौर तूफान के एकदम सामने आ जाए, तो क्या हो सकता हैं???

जैसा हम सभी ने अनुभव किया होगा, अभी कुछ दिनों पहले एक बड़े सौर तूफान की मामूली उष्मा, पृथ्वीलोक की दिशा में आई थी। ये सौर तूफान इतना बड़ा था कि चंद्रमा, पृथ्वीलोक, को एक साथ भाप बना सकता था। उत्तरी ध्रुव पर यह एक महत्वपूर्ण चमक के रूप में दिखाई दिया था।

सूर्य से उठने वाले सौर तूफान के सामने, ग्लोबल वार्मिंग को खतरा बताने वाली रिसर्च पर दोबारा विचार हो रहा है। एक व्यक्ति के रूप में हमारा इस ब्रह्माण्ड में अपने अस्तित्व की तुलना करना तो बहुत दूर की बात है, पूरी पृथ्वी का अस्तित्व भी शून्य के नजदीक होता है। हम इस श्रृष्टि/ब्रह्मांड में शून्य से ज्यादा कुछ नही है।

अतः मै कहुँगा कि हमारे जो मित्र, समाजसेवी देश, दुनिया, जाति, धर्म, समाज, की चिंता में लगे रहते हैं, उनको प्रकृति को समझने की अति आवश्यकता है। बेवजह, बिना विषेश जानकारी के, ब्रह्माण्ड को सुरक्षित करने की अधिक चिंता नहीं करनी चाहिए। हम एक व्यक्ति के रूप में, सूर्य के आकार और ऊर्जा की तुलनात्मक दृष्टि में, शून्य से ज्यादा कुछ नही है।

●●●

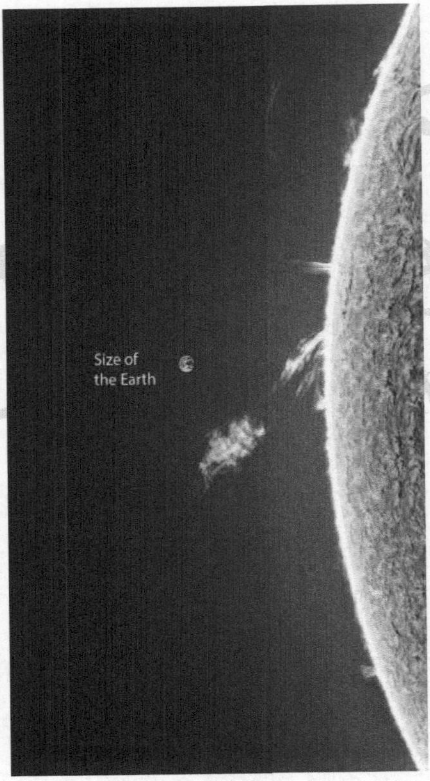

5. सीप किसनी

सीप किसनी ! नाम बडा अजीब लगा ना। लेकिन सच में कुछ पुराने लोगों ने ऐसा बचपन जिया है, जब स्टील की छीलनी नहीं होती थी और लोग सब्जियों, आम आदि को छीलने के लिए एक विशेष तरह की छीलनी बना लिया करते थे। जिस कारण छीलना आसान हो पाए।

तस्वीर में दिख रहा यह यंत्र छीलने का ही काम करता है। इसे अलग - अलग जगहों पर अलग - अलग नाम से जाना जाता है। हम इसे ''सीप किसनी'' कहते थे! यह नदियों और तालाबों में पाए जाने वाले एक विशेष जीव (घोंघे/शंख प्रजाति) जिसे एक मोती वाले जीव भी कहते हैं, उसका ऊपर का कवच होता है। यह बेहद सख्त, चिकना व अदभुद चमक - दमक वाला होता है।

लोग अक्सर जब भी खेत -खलिहान जाया करते थे तब नहाते वक्त तालाबों और नदियों में से इसे ढूँढ कर घर ले आते थे। फिर इसे घर लाकर अच्छे से धौ कर, किसी चिकनी जगह जैसे घड़े या फिर पत्थर पर रगड़कर इसमें छेद कर दिया जाता था ! बस अब इसे सब्जियां छीलने के लिए काम

लिया जा सकता है। उन दिनों गाँवों मे माताएँ अपने छोटे बच्चों को दवा, घुट्टी, दूध पिलाने के लिए भी इसका उपयोग करती थी। हम अक्सर गर्मियों की छुट्टियों मे ही गाँव जाया करते थे। उस वक़्त कच्चे आम बहुत आते थे। तब कच्चे आमों को इसी सीप से छिला करते थे। आज कल ये हमें कहीं भी देखने को नहीं मिलता है। क्यूंकि लोहे की छिलनी आसानी से मिल जाती है, और ज्यादा भी कार्य करती है। फिर भी मुझे विश्वास है कि आज भी इसका उपयोग कहीं ना कहीं ग्रामीण क्षेत्रों में हो रहा होगा।

अब कई लोग सोच रहे होंगे कि मरे हुए जीव के कवच का प्रयोग क्यों करते हैं। आपको बता दे, मंदिरों में बजाने वाली शंख भी किसी न किसी मरे जीव की त्वचा (कवच) ही है। जिसकी आवाज बहुत प्यारी व दूर तक सुनाई देती है। इसे बजाना आसान काम नही है। आपने इसे पहली बार कब देखा और कब प्रयोग किया था। क्या आपसे भी कभी इसमें छेद करते हुए, यह पूरी तरह टूट गई थी। मेरे साथ यह हुआ था बचपन में। कुछ बातों को याद करके आपको खुशी होती है।

●●●

6. व्यंग्य

1

बर्बाद होने के लिए,
नशा ही जरूरी नही जालिम,
इलेक्शन मे गलत बटन भी दबा
सको हो।

2

ऐसे भी कोई अपने प्यार का इजहार करता है...

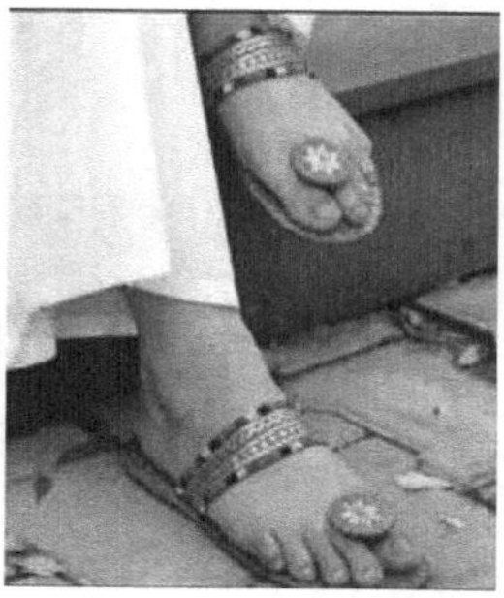

तुम्हारी चप्पल कसम से बहुत प्यारी है;
मैं चाहता हूँ मेरे बच्चों की पिटाई इनसे हो

क्या ...... अपने अनुभव अपने अधिकार

●●●

7. मैं और मेरे ख्याल

आज मै आपके लिए लेकर आया हूँ मेरी अदभुद दिनचर्या के कुछ खास पल!! मै बताए बिन रह नही पाऊँ शायद !

1. मेरा बिना शक्कर (चीनी) खाये दो महीना से भी अधिक हो गया है (केवल शरवत लेता हूँ)।
2. आजकल रोज़ नाश्ते के पहले 5 km दौड़ना और फिर योगा, एक्सरसाइज करना आदत सी हो गई है (कल मन नही था बस)।
3. अब मेरे लिए चाय कॉफी के कोई मायने नहीं... केवल मोसमी फल और हरी ताज़ी सब्ज़ियां, वो भी ऑर्गेनिक से ही गुजारा हो रहा है (ककडी, तरबूज, लोकी)।
4. शरीर में अभूतपूर्व परिवर्तन हो रहे है (पेट ज्यादा और बाल कम)। अब इस दिनचर्या को बाक़ी जीवन में लागू करना है।
5. पूर्ण स्वस्थ वर्धकक एव पोषक तत्वों से भरपूर भोजन खाना है जो कैफीन / ग्लूटेन / शुगर फ्री हो (नमकीन पराठे और बिस्कुट)।

6. बस दो घण्टे रोज व्यायाम, सुबह सुबह जिससे कोई देख ना सके।
7. आजकल बहुत हल्का भी महसूस हो रहा है, बस पैंट-शर्ट थोड़ी टाईट हो गईहैं!!

●●●

8. दुनिया गोल है

एक बार की बात है हमारे पड़ोस वाले दोस्त ने अपनी पत्नी से कहा कि कल काम पर उसे जल्दी जाना है और शाम को भी देर हो जाएगी। लेकिन हमारे मनमौजी दोस्त अपनी सबसे अच्छी महिला मित्र के घर चले गए, जिसका पति शहर से बाहर कहीं नोकरी करता होगा?

किस्मत खराब! तभी उसका पति वापस आता है और वह दिलफेंक दोस्त बिस्तर के नीचे छिपा दिया जाता है।

कुचक्र देखिए उसका पति अपनी पत्नी को बाजार खरीदारी करने भेज देता है; और अपनी सेटिंग वाली महिला को बुला लेता है।

जैसे ही वह महिला मित्र आई, थोड़ी ही देर में, उसकी पत्नी बाजार से वापस आ जाती है। क्यों कि उसके कपड़ों पर दाग लग गए हैं और वह उन्हें बदलना चाहती है।

इससे पहले कि वह आदमी दरवाजा खोलता। वह तुरंत अपनी महिला मित्र को भी बिस्तर के नीचे छिपने के लिए कहता है।

अरे बाप ये क्या!! उसकी वह महिला मित्र, हमारे दोस्त की पत्नी

निकलती है। अब दोनों एक दूसरे को खरगोश की तरह शर्मो हया मे देख रहे है।

पढे लिखे बच्चे इस तरह के घटनाक्रम को स्कूल में, रीयूनियन कहते थे। सामाजिक समारोहों में, गेट टुगेदर; गणित में, समकालिक समीकरण; रसायन शास्त्र में, चेन रिएक्शन; अर्थशास्त्र में, मांग और आपूर्ति; भौतिकी में, परमाणु संलयन कहते थे!

●●●

9. समझदार को इशारा काफी है

आज हम आपको कुछ व्यक्तिगत एव व्यवाहारिक अनुभव के आधार पर एक किस्सा समझते है। शायद आपने भी महसूस किया हो कि कैसे नयी या पुरानी गाड़ियां जब सर्विसिंग के लिए, सर्विस सेंटर पर जाती हैं तो वहाँ का मिस्त्री सर्विसिंग के साथ - साथ टेस्ट ड्राइव भी करता है। यह टैस्ट ड्राइव कई बार भी हो सकती है, या जब तक मिस्त्री संतुष्ट न हो जाए। गाड़ी को वापस नहीं करता, चलाता रहता है। कभी-कभार मिस्त्री के गैराज से सर्विसिंग हेतु आयी नई, सुन्दर, चमक-दमक वाली गाड़ियों को, उनके खास (कृपा पात्र) कस्टमर भी चलाते रहते हैं। यहां तक कि सीखनें वाले अनट्रेंड लौंडे लपाडे भी टेस्ट ड्राइव ले लेते हैं। इस तरह एक मिस्त्री की आपकी गाड़ी से एक्स्ट्रा कमाई हो जाती है; ना हींग, ना फिटकरी और रंग भी चौखा।

यह भी देखने मे आता है कि किसी क्षेत्र विशेष में अधिकतर गाड़ीयों का रेडियेटर, कम उम्र में ही लीक होने लग जाता है। इस प्रकार के रेडियेटर वाली गाड़ी को रिपेयर की कुछ ज्यादा दरकार रहती है, परिणामस्वरूप

गाड़ी आराम से चलाकर, सामान्य से ज्यादा गर्म होने से बचाव किया जा सकता है। कुछ गाडिय़ा तो इतनी ज्यादा सावधानीपूर्वक चलाई जाती हैं कि हर सर्विस के लिए नये मोवीऑयल की जरूरत ही नहीं पड़ती। जिन गाड़ियों में फिल्टर नहीं होते या खराब हो जाए उन्हें ज्यादर बैक गेयर में भी अच्छी तरह चलने की सलाह दी जाती है, जिस कारण इनका डिफ्रेंशियल सामान्य से ज्यादा ना फटे अथवा फैलाव कम ही रहे।

सस्ते किराए पर उपलब्ध ज्यादातर गाड़ियों के फिल्टर फटे पुराने ही होते हैं। क्योंकि इनके मालिक इनको घर पर ही (रगड़ रगड़ कर) बेतहाशा चला चुके होते हैं। अब मालिक को भी लगने लगता है कि फला गाड़ी पर्सनल यूज लायक बची ही नहीं हैं। लेकिन चमक - दमक बरकरार रहने की वजह से, इस तरह की गाड़ियों की पौश कॉलोनी मे री-सेल वैल्यूएशन भी अधिक ही मिल जाती है।

हम कहेंगे पहले-पहल अच्छी गाड़ी पसंद करें, तत्पश्चात सर्विस, रख-रखाव, माइलेज, ऑयलिग और रेडियेटर का विशेष ध्यान रखें, अन्यथा री-सेल कीमत कम हो जाएगी। आज कल वैसे भी गाड़ीयों की औसत उम्र कम हो रखी है।

●●●

10. हरित क्रान्ति - एक छलावा

हरित क्रान्ति फैलने से पहले किसान बैलों या ऊँट से खेती करते थे। बैल, ऊँट व स्वयं के परिवार को छाया मिले इसलिए हर खेत में पेड़ जरूर होते थे। मुझे याद है कि हमारे खेतों में आम, जामुन, शीषम व शहतूत के पेड़ थे। जिनके फल हम व हमारे आस - पास के लोग खाते थे तथा उनके नीचे हमारे बैल व हम आराम करते थे।

बैल व ऊँट आदि के खेतों से निकलते ही, किसान को पेड़, ट्रेक्टर के रास्ते में रुकावट लगने लगे व खेती में बाधक लगने लगे। सड़क, चोडे रास्ते, एक्सप्रेस वे आदि ने तो जंगल खत्म ही कर दिए।

किसानों के अनावश्यक खर्च बढने लगे तो किसानों ने खेतों से पेड़ काटकर बेचणा शुरू कर दिया।

आज हरियाणा, उत्तर प्रदेश, पंजाब आदि राज्यों के खेतों में दर्शन मात्र को भी पचास साल से पुराने रूँख (पेड़) नहीं बचे। और यह स्थिति अब मध्यप्रदेश में निर्मित हो रही है। रही सही कसर हम कबाड, ईट भट्टे, खेतों में कृषि अपशिष्ट को जलाकर पूरी कर रहे हैं। जलाते रहो!! पर याद रखना

कि प्रकृति हमसे बदला अवश्य लेगी।

आओ अपनी प्रकृति का संरक्षण करें... वृक्षारोपण करें!

11. प्राचीन भारतीय मापन मानक - रत्ती

'रत्ती भर भी परवाह नहीं करता कोई मेरी! रत्ती भर भी शर्म नहीं आती आपको'! रत्ती भर भी अक्ल नहीं रही... यह शब्द लगभग हर जगह सुनने को मिलता है, आपने भी इस शब्द को कभी-कभार बोला ही होगा। बहुत लोगों से सुना भी होगा शायद।

आइए आज जानते हैं 'रत्ती' की वास्तविकता, यह आम बोलचाल में आया कैसे। आपको यह जानकर आश्चर्य होगा कि रत्ती एक प्रकार का पौधा (बेल) होता है, जो प्रायः पहाड़ों, मैदानी जमीन पर पाया जाता है। इसकी मटर जैसी फली में लाल-काले रंग के दाने (बीज) होते हैं, जिन्हें रत्ती कहा जाता है। प्राचीन काल में जब मापने का कोई सही पैमाना नहीं था तब सोना, जेवरात का वजन मापने के लिए इसी रत्ती के दाने का इस्तेमाल किया जाता था।

सबसे हैरानी की बात तो यह है कि इस फली की आयु कितनी भी क्यों न हो, लेकिन इसके अंदर स्थापित बीजों का वजन एक समान ही (121.5 मिलीग्राम, एक ग्राम का लगभग 8वां भाग) होता है। तात्पर्य यह कि वजन

में जरा सा लेकिन एक समान होने के विशिष्ट गुण की वजह से महत्वपूर्ण समान मापने के लिए रत्ती प्रयोग में लाते हैं। उसी तरह किसी के जरा सा गुण, स्वभाव, कर्म मापने का एक स्थापित पैमाना बन गया यह ''रत्ती'' शब्द। रत्तीभर भी समझ आया तो भविष्य उज्जवल जनाब आपका भी, हमारा भी।

●●●

12. लौंह स्तम्भ – एक उन्नत एवं वास्तविक सच

प्राचीन काल की उन्नत तकनीक और विराट ज्ञान संपदा का एक उदाहरण, अभी तक 'जंगविहीन' दिल्ली का लौह स्तंभ'! गर्व कीजिये क्योंकि ऐसी मिसाल दुनिया मे किसी और देश मे नही है; बेशक दुनिया हमे सपेरों का देश करती है! लेकिन यहाँ के सपेरे भी वैज्ञानिक और प्रकृति के विशेषज्ञ थे। विश्वप्रसिद्ध दिल्ली का ''लौह स्तम्भ'' हमारे भारत को अदभुद बनाता है।

एक जीता जागता, बिना जंग लगा लोहे का उदाहरण, जो दुनिया के अब तक के अनसुलझे रहस्यों मे से एक माना जाता है! भारतवासी ईसा पूर्व से ही लोहे को गलाने की तकनीक जानते थे। यह लोह स्तम्भ ३5 फीट ऊँचा और ६ हज़ार किलोग्राम का है।

एक मत के अनुसार इस स्तम्भ में 95% से अधिक शुद्ध लोहे का उपयोग, जंग न लगने का एक कारण माना गया है। यह अपने आप में प्राचीन भारतीय धातुकर्म की पराकाष्ठा है।

लौह स्तम्भ पर जंग नहीं लगने की वजह जानने के लिए आईआईटी

कानपुर ने वर्ष 1998 में स्तम्भ के लोहे मटेरियल पर प्रयोग किया था। इस प्रयोग से पता चला की स्तम्भ के लोहे को बनाते समय पिघले हुए कच्चे लोहे में फास्फोरस तत्व को मिलाया गया था। इससे आयरन में अणु बांड नहीं बन पाए। इस वजह से जंग लगने की गति हज़ारों गुना धीमी हो गई। इस जैसा दुसरा उदाहरण कहीं नहीं है, कृपया आप इसे देखकर महसूस अवश्य करें।

लौह स्तम्भ पर लिखे लेख के अनुसार इसे राजा चन्द्रगुप्त विक्रमादित्य (द्वितीय) द्वारा बनवाया गया तथा बनवाने का समय विक्रम सम्वत् का आरम्भ काल था। लौह स्तम्भ का 1 मीटर हिस्सा ज़मीन में अंदर है। खम्बे के मूल के पास इसका व्यास 17 इंच और शीर्ष पर 12 इंच व्यास है। इस स्तम्भ पर संस्कृत में जो खुदा हुआ है, उसके अनुसार इसे ध्वज स्तंभ के रूप मान्य किया।

बिहार के जहानाबाद जिले में एक गोलाकार स्तंभ है जिसकी लम्बाई ५३.५ फीट और व्यास ३.५ फीट है जो उतर से दक्षिण की ओर आधा जमीन में तथा आधा जमीन की सतह पर है! कुछ पुरातत्वविद इसे ही दिल्ली के लौह स्तम्भ का सांचा मानते है!

हमारी प्राचीन धरोहरें बताती हैं कि हमारा देश अर्थव्यवस्था, स्वास्थ्य, शिक्षा, कृषि तकनीक, खगोल शास्त्र, विज्ञान, औषधि और शल्य चिकित्सा आदि सभी क्षेत्रों में बेहद उन्नत था! विश्व की प्राचीनतम और जीवंत सभ्यताओं में से एक, हमारे देश की सभ्यता है!

●●●

13. मधुमक्खी

क्या आप मान सकते है कि एक किलोग्राम के लगभग शहद बनाने के लिए हजारों मधुमक्खियों को लगभग 40 लाख से अधिक फूलों पर मंडराना पड़ता है। एक मधुमक्खी अपने पूरे जीवन काल (लगभग 45 दिन) में 1ml शहद बना पाती है।

आज इसके बारे में कुछ जानकारी करते हैं। एक प्यारी, नन्ही सी मधुमक्खी कितने ही फूलों पर जाती है, फूल के मीठे पानी (जिसे नेक्टर बोला जाता है) को अपनी जीभ से चूस कर अपने पेट को भर लेती है। 40 मिलीग्राम नेक्टर जो शहद का कच्चा मटेरियल है, उसे भरने में अमूमन एक घंटा लग जाता है। मधुमक्खी के पेट में जाते ही यह मीठा पानी ग्लूकोज और फ्रुक्टोज (चीनी या सुगर के अन्य वैज्ञानिक नाम) में बदल जाता है। मधुमक्खी के पेट में एक खास अम्लीय पदार्थ बनता है, जिसके कारण शहद में कभी माइक्रो ऑर्गेनिजिम अर्थात कीटाणु- जीवाणु नहीं पनपते। सैकड़ों हजारों सालों तक शहद खराब नहीं होता।

मधुमक्खी के पेट में बने इस मिश्रण को मधुमक्खी अपने छत्ते पर जाकर किसी दूसरी मधुमक्खी के मुंह में उड़ेल देती है। वह मधुमक्खी उस मिश्रण को छत्ते के छोटे -छोटे कोषों में भर देती हैं। ऊपर से छत्ते के छेद को मॉम से ढक देती है। मॉम भी मधुमक्खी खुद ही बनाती है, अपनी ग्रंथियों से। कुछ ही दिनों में वह मिश्रण बेशकीमती शहद में तब्दील हो जाता है, जिसमें तमाम विटामिन, मिनरल, एंटीऑक्सीडेंट, एंटीसेप्टिक आदि गुण पाए जाते हैं। मधुमक्खी ही केवल ऐसा कीट है जिसकी विष्ठा अर्थात उल्टी को मनुष्य बड़े चाव से खाता है। सही! यह मीठा शहद मधुमक्खी की विष्ठा ही है।

मधुमक्खी समूह में रहने वाला एक सामाजिक प्राणी है। सर्दियों में छोटी मक्खियों के (लारवा) पालन - पोषण के लिए शहद का संग्रह छत्ते में किया जाता है। एक और खास बात यह है कि मादा मक्खी ही केवल शहद बनाती है, वही डंक मारती है। नर ना डंक मारता है, ना शहद बनाता है, वह केवल प्रजनन के लिए बना है। प्रजनन की क्रिया के तत्पश्चात तुरंत ही उसकी मौत भी हो जाती है। आश्चर्य!

मधुमक्खी का सूचना तंत्र बड़ा मजबूत होता हैं। एक विचार से जब उन्हें कही रस वाला स्थान मिलता हैं तो वह 8 के अंक की आकृति बनाते हुए नाचने लगती हैं, ओर उक्त स्थान पर अपने साथी मधुमक्खियों के साथ पहुंच जाती हैं। मधुमक्खियां कई तरह की होती है जैसे देसी (लाल), पीलक, डंगारा (सबसे खतरनाक) आदि। मधुमक्खी से जुड़ी कोई अन्य जानकारी हो तो अवश्य साझा करें। ●●●

14. आलू - एक परिचय

आज से लगभग 8000 साल पहले लैटिन अमेरिका के पेरू इलाके में इंसानों ने जंगली आलू की खेती करनी शुरू की और धीरे धीरे पूरे अमेरिकी महाद्वीप पर फैल गया। आलू मूलनिवासियों की भोजन संस्कृति का अहम हिस्सा बन गया। लेकिन आलू के बारे में यूरोप, अफ्रीका और एशिया अनजान था। धरती की बड़ी आबादी बिना आलू खाए जी रही थी। स्पैनिश साम्राज्यवाद (1526) ने पेरू को अपनी कॉलोनी बनाया। यहीं से स्पैनिश आक्रमणकारियों को आलू के बारे में जानकारी हुई।

अंग्रेजी शब्द Potato की उत्पत्ति स्पैनिश शब्द Patata से हुई। कुछ मूलनिवासी (Taino) शकरकंद को Batata और Quechua मूलनिवासी आलू को Papa बोलते थे।

शकरकंद और आलू दिखने में या स्वाद मे भले एक जैसे हो लेकिन दोनों एक ही वानस्पतिक परिवार के नही है। आलू तंबाकू वनस्पति परिवार से है। स्पैनिश लोगों ने Taino शब्द Batata को अपनाया जो Patata बना, और अंग्रेजी में Potato। महाराष्ट्र में आज भी आलू को लोग

Batata ही कहते हैं। शुरुआत में आलू की बहुत धीमी खेती हुई। अफवाह फैली की आलू खाने से बीमारियां होती है। शरीर पर फोड़ी फुंसी होती है।

1589 में आयरलैंड में आलू की खेती शुरू हुई, बावजूद आलू को पूरे यूरोप में फैलने के लिए कई दशक लग गए। 1756 में युद्ध के समय पोलैंड के राजा ने आलू की खेती करना अनिवार्य बनाया। यह सोचकर कि गरीब किसान और मजदूर इसे खाकर अपने पेट की भूख मिटाएंगे। इस तरह आलू यूरोप के भोजन संस्कृति का अहम हिस्सा बन गया।

आलू को यूरोप के बाहर फैलाने के लिए यूरोपीन्स ने अफ्रीका, मिडिल ईस्ट और बाद में एशिया में इंट्रोड्यूस किया। 1675 तक आलू पश्चिम भारत में दस्तक दे चुका था। अजमेर और सूरत में आलू की खेती का वर्णन मिलता है। 18वीं सदी तक आलू पूरे उत्तर भारत में उगाए जाने लगा। ग्रामीण इलाकों में विशेषकर खेतिहर मजदूर, कारीगर, कामगार बिना तेल मसाला आदि के आलू केवल आग में भुजकर खा सकते थे। आलू ने गरीबों को भूख से बचाया।

मुग़लों ने समोसे से मांस निकाल कर उसमें आलू भर दिया और इस तरह भारतीय समोसे का जन्म हुआ। अब तो ऐसी कोई सब्ज़ी नही जो बिना आलू की बनती हो। गेंहू, मक्का, चावल और शक्कर के बाद दुनिया में सबसे जरूरी फसल कोई है तो वो आलू है। बिना आलू के हम दुनिया की कल्पना भी नही कर सकते।

●●●

15. क्या आप हींग को जानते हैं

आश्चर्य होगा यह जानकर कि इतनी तीखी सुगन्ध, जिसे काफी दूर से ही महसूस किया जा सकता है, जी हां हींग एक विशेष प्रकार के पौधे से पाप्त की जाती है। हींग के पौधे के जड़ों में चीरा लगा कर छोड़ देते हैं। कुछ घंटों बाद, धीरे धीरे उसमें से सफेद रंग का गोंदनुमा पदार्थ इकट्ठा हो जाता है। यही कच्ची हींग होता है। सभी पौधों से उसे इकट्ठा किया जाता है। सूखने पर ये बिलकुल ठोस पदार्थ बन जाता है, जो बहुत तीखी सुगन्ध लिए होता है।

इसे सीधे इसी रूप मे उपयोग नही कर सकते। इसके तीखेपन को कम करने के लिए इसमें स्टार्च, चावल का आटा मिलाकर, मशीन में पीस दिया जाता है। फिर थोड़ा सा पानी मिलाकर इसका पेड़ा टाइप बना कर बेचने के लिए तैयार किया जाता है। यह पाउडर और लसलसी ठोस दोनों रूप मे बनाई ज सकती है। फिर यही हींग हमारे रसोईघर तक छोटे - छोटे पैकेज मे, उँची कीमत पर पहुंचाई जाती है। यह पाचनतंत्र को दुरूस्त करने में रामबाण औषधि की तरह अथवा स्वादिष्ट पकवान बनाने हेतू प्रयोग की

जाती है।

उत्तर प्रदेश के हाथरस जिले को उमदा हींग के लिए जाना जाता है लेकिन उत्पादन अफगानिस्तान मे अधिक होता है। वैसे मुझे हींग एकदम पसंद नही है, (अधोवायू के कारण) आपकी, आप जानो!

●●●

16. नमकीन नमक और भ्रान्तियां

अंग्रेज जब भारत आये, तब उन्होंने हमारे दैनिक उपयोग वाले नमक पर ही प्रतिबंध लगाए, जिस कारण नमक आन्दोलन भी हुआ था। आजकल नमक मुख्यत: तीन प्रकार का मिल सकता है।

1. एक होता है समुद्री नमक
2. दूसरा होता है पहाडी ''rock salt'' या सेंधा नमक।
3. तीसरा रिफाइण्ड नमक या सोडियम क्लोराइड (NaCl)

1. सेंधा नमक: भारतीय उपमहाद्वीप में पहाड़ी खनिज पत्थर से प्राप्त नमक को 'सेंधा नमक' (सैन्धव नमक, लाहोरी नमक) नाम से जाना जाता है। जिसका मतलब है 'सिंध या सिन्धु' नदी के क्षेत्र के बड़े बड़े पहाड़, सुरंग से प्राप्त होने वाला। यह नमक हृदय के लिये उत्तम, पाचन मे सहायक, ठंडी तासीर वाला, हल्का भी होता है। सेंधा नमक उपयोग से रक्तचाप पर नियन्त्रण रहता है, क्योंकि ये क्षारीय (alkaline) है। इसमें पोटैशियम और मैग्नीशियम पाया जाता है जो हृदय के लिए लाभकारी होता है। ये

प्रकृति का बनाया हुआ है।

2. समुद्री नमकः 18वीं शताब्दी के उत्तरार्द्ध मे विदेशी कंपनीयां भारत में नमक के व्यापार में आयी, और भोली भाली जनता को आयोडिन मिलाकर समुद्री नमक खिलाया। मोटा लाभ कमाने और लूट मचाने के लिए पूरे भारत में एक नई बात फैलाई गई कि आयोडीन युक्त नामक खाओ। दुनिया के विभिन्न देशों ने अतिरिक्त आयोडीन युक्त नमक को पहले ही बैन कर रखा है। (अमेरिका, जर्मनी, फ्रांस, डेन्मार्क, आदि) कारण यह कि अधिकांश लोगों पर नपुंसक होने का खतरा मंडराने लगा! समुद्री नमक उच्च रक्तचाप (high BP), डाइबिटीज़, आदि गंभीर बीमारियो का कारण बनता है, कारण इसका अम्लीय (acidic) होना है।

3. रिफाइण्ड नमकः यह शुद्ध 98% सोडियम क्लोराइड है, जो शरीर में विजातीय या बाहरी पदार्थ के रुप में रहता है। इस नमक में आयोडीन को बनाये रखने के लिए Tricalcium Phosphate, Magnesium Carbonate, Sodium Alumino Silicate जैसे रसायन मिलाये जाते हैं, जो सीमेंट बनाने में भी इस्तेमाल होते है। यह रसायन शरीर में रक्त वाहिनियों को कड़ा बनाते हैं, जिससे ब्लाक्स बनने की संभावना और आक्सीजन प्रवाह में परेशानी, जोड़ो का दर्द, गठिया, प्रोस्टेट आदि बीमारियां बनती हैं।

इसलिए अतिरिक्त आयोडीन युक्त समुद्री या रिफाइण्ड नमक खाना छोड़िए और उसकी जगह सेंधा नमक खाइये ! विज्ञान के अनुसार आयोडीन हर नमक में होता है, सेंधा नमक में भी प्रकृति के द्वारा बनाया आयोडीन होता है। इसके इलावा आयोडीन हमें आलू, अरवी के साथ-साथ हरी सब्जियों से भी मिल जाता है।

●●●

17. महिला समाज जागरुकता

पुरातन समय हो या आज, महिलाओं को जैसा बताया जाता है, धीरे-धीरे वे उसी का अनुकरण करने लगती हैं। यह देखने में आता है कि महिलाए स्वंय का बौद्धिक स्तर बहुत कम उपयोग करती हैं।

* यदि उन्हें बताए कि घर मे रहने वाली महिलाएं, सभ्य और पुरुषों को पसंद होती हैं। इस कारण महिलाएं घर मे रहने लगती हैं, अथवा घर में रहन-सहन को वरीयता देने लगती हैं।
* उन्हें बताया जाता है कि किस प्रकार के कपड़े पहनने वाली महिलाओं को पुरुष इज़्ज़त की नज़र से देखते है, तो वो वैसे ही कपड़े पहनने लगती हैं।
* उन्हें बताया जाता है कि पुरुष के दिल का रास्ता पेट से होकर जाता है, तो वो बढियां खाना बनाने लगती हैं।
* उन्हें बताया जाता है कि खामोश रहने वाली महिलाएँ अपने पति की पसंदीदा होती हैं, तो वो खामोश, शान्त रहने लगती है।

इस तरह पुरुष ये मान लेते हैं कि बाहर निकलने वाली औरतें आवारा होती है। उन्हें छेड़ा जा सकता है। 'वैसा' कपड़ा पहनने वाली महिलाएं बेहया होती हैं, उनके साथ यौन अपराध किया जा सकता है। जिन्हें खाना बनाना नही आता वो बेशऊर होती हैं, उन्हें गाली गलौज दी जा सकती है। जो औरतें बोलती है, सवाल करती हैं, वो बेगैरत होती हैं, उन्हें मारा - पीटा जा सकता है।

ऐसा कब तक चलता रहेगा! इससे छुटकारा पाने के लिए आवाज उठाईऐ।

* पहले तो ये बात ज़हन में बैठानी होगी कि औरत भी उसी काम को करने से बुरी हो सकती है, जिस काम को करने से एक आदमी बुरा हो सकता है।
* सिगरेट पीने से औरतों के भी फेफड़े ही खराब होते हैं चरित्र नही।
* यह भी बताए कि बाहर निकलने वाली महिलाओं का शोषण नही करेंगे तो वो बाहर भी उतनी ही सुरक्षित रहेंगी जितना घर मे रहती हैं।
* महिलाओं की स्थिति में सुधार लाने के लिए सबसे पहले पुरुषों को शिक्षित करने की ज़रूरत है क्योंकि सम्मान हर महिला का अधिकार है।

●●●

18. दिखावटी शादियाँ, मिलावटी लोग

किसी भी शादी-ब्याह में लाखों का दहेज़, अच्छा खाना, महगे समान, जेवर, अंगूठी आदि पहनाई। फिर सब सुसरालियों को कपड़े देना, बारात का खानपान, फिर बारात को जाते हुए भी साथ में विदा। बेटी हो गई या कोई सज़ा हो गई।

यह सब जब से शुरू होता है जबसे बातचीत यानी रिश्ता लगता है। फिर कभी ननद आ रही है, जेठानी आ रही है। कभी चाची सास आ रही है, मामी सास आ रही है। टोलीयां बना बना के आते हैं। बेटी की मां चेहरे पे हलकी सी मुस्कराहट लिए सबको खाना पेश करती है। सबका अच्छी तरह से स्वागत करती है । फिर जाते समय सब लोगो को 500-500 रूपए भी दिए जाते है। फिर मंगनी हो रही है, ब्याह ठहर रहा है, बारात के आदमी तय हो रहे है (500 लाए या 800) बाप का एक एक बाल कर्ज में डूब जाता है जब घर आता है।

शाम को तो बेटी सर दबाने बैठ जाती है कि मेरे बाप का बाल बाल मेरी वजह से कर्ज में डूबा है। मानवता के वास्ते इन गंदे रस्म रिवाजों को खत्म

कर दो, ताकि हर बाप, कर्ज में डूबा ना हो। वह अपनी बेटी को इज़्ज़त से विदा कर सके।

बदलाव ही एक कोशिश

●●●

19. आधुनिकता वाला दिखावा

अभी मैं एक सज्जन के घर आया तो वह सज्जन टॉयलेट की साफ-सफाई मे व्यस्त थे। मैं भी उत्सुकतावश पास जाकर देखने लगा तो वो सज्जन बताने लगे कि बडा आधुनिक युग है।आजकल अलग - अलग कार्य के लिए विशेष प्रकार के सफाई कारक ही प्रयोग किए जाते हैं। जैसे टॉयलेट धोने का हार्पिक अलग, बाथरूम धोने का अलग, टॉयलेट की बदबू दूर करने के लिए, खुशबु छोड़ने वाली टिकिया अलग...

इसी तरह कपडे हाथ से धो रहे हो तो अलग वाशिंग पाउडर और मशीन से धो रहे हो तो खास तरह का पाउडर, नहीं तो तुम्हारी 20,000 की मशीन बकेट से ज्यादा कुछ नहीं। अरे हाँ कॉलर का मैल हटाने का वेनिश तो घर में होगा ही....

अब हाथ धोने के लिए नहाने वाला साबुन तो दूर की बात, एंटीसेप्टिक साबुन भी काम में नहीं ले सकते, लिक्विड ही यूज करो। साबुन से तो कीटाणु ट्रांसफर होते है (ये तो वो ही बात हो गई कि कीड़े मारने वाली दवा में कीड़े पड़ गए)! क्या मजाक सा चल रहा है आधुनिकीकरण में।

बाल धोने के लिए शैम्पू ही पर्याप्त नहीं , कंडीशनर भी जरुरी है, फिर बॉडी लोशन, फेस वाश, डियोड्रेंट, हेयर जेल, सनस्क्रीन क्रीम, स्क्रब, गोरा बनाने वाली क्रीम काम में लेना अनिवार्य है।

बच्चे भी पीछे क्यों रहें उन्हें दूध (जो खुद शक्तिवर्धक है) की शक्ति बढाने के लिए हॉर्लिक्स मिलाना तो भूले नहीं न आप। कोर्न - फ्लैक्स नही तो नाश्ता नहीं। मुन्ने का हॉर्लिक्स अलग, मुन्ने की मम्मी का अलग, और मुन्ने के पापा का ... सुबह-सुबह सांस की बदबू दूर करने के लिये ब्रश करना ही पर्याप्त नहीं, माउथ वाश से कुल्ले करना भी जरुरी है। आश्रय यह है कि आधुनिकता हमारे हर क्षेत्र पर हावी हो गई है।

इसका बस यह प्रयोजन है कि श्रीमान 10 -15 साल पहले जिस घर का खर्च 15 हज़ार में आसानी से चल जाता था, आज उसी का बजट 40 हजार को पार कर गया है। उसमें सारा दोष महंगाई का ही नहीं है, देश चलाने वालों को गाली देने से पहले थोडा इधर भी सोचो.. सोचो!

●●●

20. आधुनिक समाज

अभी हमारे पड़ोस में एक नई शादी हुई। बहू विवाह के दूसरे दिन, ससुराल में सुबह 7 बजे ज्योँ ही सो कर अपने कमरे से बाहर निकली, ड्राइंगरूम में बैठी सास की कड़क आवाज सुनाई दी... "अब ये देर से सोकर उठने का तरीका यहां नहीं चलेगा"

बहू ये सुनते ही वापस अपने कमरे में गई और एक डायरी और एक छोटा सा चमड़े का बैग ले कर वापस आयी। सास के बगल में बैठकर डायरी का पन्ना खोलकर पढ़ना शुरू किया।

* कार - 16.40 लाख
* 42 इंच स्मार्ट टीवी - 52 हजार
* फ्रीज - 13 हजार
* वाशिंग मशीन - 10.50 हजार
* सोफा+डाइनिंग टेबल+बेड - 1.10 लाख
* मिक्सी+ओवन+अन्य इलेक्ट्रॉनिक उपकरण - 1.65 लाख
* नगदी-15 लाख

डायरी में लिखा पढ़कर बहू ने कहा, मम्मी ये वो लिस्ट है जो शादी से पहले इस घर से मेरे पिता के पास भिजवायी गई थी। लिस्ट में लिखी सारी चीजें मेरे पापा ने मेरे साथ भिजवायी है। सभी चीजों का आप मिलान कर के देख लीजिये और ये भी देख लीजिये की आपने मेरे बारे में इस लिस्ट में कोई ऐसी मांग नही की है कि ''बहू पढ़ी-लिखी, गुणकारी, संस्कारी और कामकाजी हो''। आपने बस अपने बेटे की कीमत लगाई और मेरे पिता ने आपके बेटे को मेरे लिये खरीद लिया।

और हां मम्मी जी विदाई के वक्त मेरे पिता ने ये बैग मुझे देते हुए कहा था... ''बेटी तू जब तक मेरे आंगन में रही सुरक्षित रही। मगर आज से तुझे अपनी हिफाजत खुद करनी है। सास ने उत्सुकतावश पूछा ''क्या है इस बैग में'' बहु ने धीरे से उस छोटे से बैग का चैन खोला तो उसमें 32 बोर रिवाल्वर थी। यह देख सास झट से अपनी उखड़ी सांस को नियंत्रित करते हुवे उठी और कहा... ''बेटी तू अभी सोकर उठी है, रुक मैं तेरे लिये चाय बनाती हूं।''

●●●

21. मेरी आवाज बोलेगी

कटेंगे पर मेरे फिर भी मेरी परवाज़ बोलेगी
मेरी खामोशियों में भी मेरी आवाज बोलेगी
कहाँ तक तुम मिटाओगे मेरी हस्ती मेरा जज़्बा
ये मिट्टी ज़र्रे ज़र्रे से मुझे जाँबाज़ बोलेगी

अगर हालात न बदले वो दिन भी जल्दी आयेंगे
तुम्हारे खौफ़ से दुनियाँ तुम्हें नासाज़ बोलेगी
नहीं अब शाहजहाँ कोई किसी के हाथ जो काटे
तुम्हारे जुल्म के किस्से कभी मुमताज़ बोलेगी

तुम्हें महफूज़ रखूं पर तुम्हें घर भी मेरा जलाना है
तुम्हारी हकीकत है क्या, आज तुम्हारी फितरतें बोलेगी।
तुम आये हो भरे बाजार बदहवास से
चेहरे पे तुम्हारी आवाज आज बनके थकान बोलेगी

●●●

22. वृक्ष और मेरा मन

मेंने वृक्ष लगाया नहीं कभी, लकड़ी मुझको चाहिए।
खेत में फसल बोई नहीं कभी, अन्न मुझे चाहिए.
नदी के पानी को बचाया नहीं कभी, नदी का रेत मुझे चाहिए।
पहाड़ों की ओषधि बचाई नहीं कभी, पत्थर लेकिन हमें चाहिए।

रेत से बनाई पक्की सड़कें, मकान, नक्काशीदार दरवाजे, अब तपिश हमें भटका रही हैं।

उलीच ली रेत, खोद लिए पत्थर, काट दिए वृक्ष, अब ज़िन्दगी हमें तरसा रही है।

अब जल रही सभ्यता हमारी !!!
सूखे कुओं में झाँकते,
खाली नदियों को ताकते,
झाड़ियां खोजते
लू के थपेडे झेलते,
बिना छाया जलते
सुबह - शामें बीतीं जा रहीं चलते चलते!

बूँद-बूँद बिक रही जल की।
साँस लेना भी हुआ दूभर, क्या हवा भी बिकेगी।
सिहर उठता हुं, मै
कल्पना कर उस भयानक कल की!

●●●

23. वह भी एक दौर था

नये मिलने की चाहत में,
अक्सर हम पुराने क़ो भूल जाते हैं।
नये मिल जाते हैं,
फिर पुराने याद बहुत आते हैं।

घर, मकान, दुकान हों,
नाम, काम, या दाम हों,
इंसानों! क्यों इतने नादान हो।
नये दौर की दोस्ती,
मोबाईल से पहचान हो।

वह भी क्या एक दौर था,
पीले पड़ चुके पन्नों की खुशबू,
अब तक भुलाएं नहीं भूलती।
रद्दी में रखी किताबों क़ो देखकर,
समय की याद आखों मे झूमती।

पन्नों के बीच दबाकर रखा
वो गुलाब, वो मोरपँखी,
फटे पन्नों क़ो सही करना
पैराग्राफ पर अंडरलाइन,
दोस्तों से किताब मांगना।

किसी के प्यार को पन्नों में महसूस करना।
कहानी पढ़ते पढ़ते रात क़ो सो जाना।
बहुत याद आता है वो गुजरा ज़माना,
कम पैसे में पुरानी किताबों क़ो खोजना।
वो गुजरा पुराना ज़माना
हो सके तो तुम फिर लौटना।

●●●

24. कैद में परिंदे

पढ़े लिखें परिंदे कैद, माचिस से मकान में।
आठ घन्टे की नौकरी, रहें मानसिक थकान में।।

मन रह गया गाँव में, शरीर शहर का वासी है।
ताज़ा - ताजा ख़बर मिले, तासीर वही बासी है।।

दोनों जन कमाने वाले, बच्चों को संभाले कौन।
माया पीछे भाग रहे, स्वस्थ तन को बचावे कौन।।

यारों का न संग रहा, ना न्योता ना व्यवहार।
खुद के घर भी जाते हैं, बन जैसे रिश्तेदार।।

कर बंटवारा बीघा बेचा, वर्ग फीट की दरकार में।
बिछड़े, पिछड़ा कहकर, खो गए यहां लम्बी कतार में।।

मज़ा बहुत है, स्वयं; स्वप्न; संसार में।
हमेशा हारे पीर परे, जबसे आये घर - परिवार में।।

मात, पिता सब छूटे, नौकरी करती बडी परेशान जी।
जिनके पास दोनों मित्रों, उनका जीवन आलिशान जी।।

पढ़े लिखें परिंदे कैद, माचिस से मकान में।
आठ घन्टे की नौकरी, रहें मानसिक थकान में।।

●●●

25. ढ़लते ढ़लते ढ़ल गई

सदाँ न संग सहेलियाँ,
सदाँ न राजा देश।
सदाँ न जग में जीवणां,
सदाँ न काला केश।

सदाँ न फूले केतकी,
सदाँ न सावन होय।
सदाँ न विपदा बनी रहे,
सदाँ न सुख ही कोय।

सदाँ न मौज बसंत सी,
सदाँ न ग्रीष्म ऋतु भाण।
सदाँ न यौवन स्थिर रहे,
सदाँ न संपत माण।

सदाँ न हांक काहू की,
सदाँ न गल प्रीतम की बांह।
ढ़लते ढ़लते मै ढ़ल गई,
रूख तरुवर झिनी सी छांह।

●●●

26. जमाना छोड़ दिया

एक झटके में दिल मेरा तोड़ दिया
दीवाना बना सरेराह छोड़ दिया।।
मैं अच्छा भला अकेला था
तुने हमराही बन रास्ता छोड़ दिया।।

पी कर नशा तेरी आंखों का
मैंने प्याला ही ''मै'' का तोड़ दिया।।
अब मैयखाना है, ना साकी है
मुझे शराबी बना मुहँ मोड़ लिया।।

कोई कैसे इश्क़ करेगा किसी से
बीच समन्दर हाथ चलाना छोड़ दिया।।
तुझको भी सुकून मिलेगा नही
तूने आग लगाकर जो छोड़ दिया।।

तेरे दिल से भी आह निकलेगी अब
तेवतिया ने जो जमाना छोड़ दिया।।

●●●

(साभार यशवन्त सिंह तेवतिया)

27. खुशबू थोड़ी सी मुझे भी मिली हैं

तोहमते इश्क़, अकेले न लगाओ मुझ पर
तुम भी तो बराबर के शरीक हो इस में।।

ये वो जुर्म है, जो कभी अकेले नही होता
दो दिल हैं बराबर जो धड़कते हैं इस में।।

इश्क़ इकतरफा, तो ये गुनाह हो जायगा
सजा ए बरबादी मुकररर होती है इस में।।

मेरा दिल ही, तन्हा सज़ा क्यूं भुगते
तुम भी तो बराबर के हकदार हो इस में।।

मज़ा ए इश्क़, तन्हा मैंने ही तो नही पाया
लज्जते इश्क़ तो तुम ने भी लिया इस में।।

बहार आई थी, खिल के तेरे गुलशन में
खुशबू थोड़ी सी मुझे भी मिली है इस में।।

ज़िंदगी बहुत छोटी है, न रार बढ़ाओ ऐसे
दर्द अगर है इसमें तो सुकून भी है इस में।।

आओ दो क़दम, साथ चले अपने लिये
खुशी के फूल खिलेंगे तब ही इस चमन में।।

●●●

(साभार- यशवंत सिंह तेवतिया)

28. परिंदे भी उड़ा दिये मैंने

हमें कब मोहब्बत का सलीक़ा था;
अब बग़ैर तेरे, हँसके जीना सीख लिया मैंने ।।

बिछड़ना - मिलना, क़िस्मत है;
दुआएं में, तुझे भी शायर बना दिया मैंने ।।

चहक कर तेरी याद दिलाता था वो;
आज मुंडेर से परिंदे भी उड़ा दिये मैंने ।।

जहाँ सजा रखी थी तस्वीरें तेरी;
देख! उस मकान में ताला लगा दिया मैंने ।।

ये शेर नहीं ज़ख़्म हैं मेरे 'कृष्ण'
इश्क के नाम, क्या-क्या सुना दिया मैंने ।।

रोज फूल तोड़ो, कोई एतराज़ नहीं;
मगर इन फूलो से ख़ुशबू निकाल ली है मैंने।।

तेरे फ़न की क़द्र करता हूँ अब भी;
तेरे झूंट-मूंट, बोल पै आँसू भी निकाल लिए मैने।।

अँधेरा चीर के जुगनू निकले थे कभी;
मावस की रात को आज जगमगा दिया मैने।।

बेवफ़ाई का इज़हार यूँ किया करो;
जैसै बाज को मार, परिंदे बचा लिए मैने।।

●●●

29. मैं और मेरा हाल

मेरा दिल, ऐसे घायल हुआ तेरे मलाल में,
मेरी, ज़ुल्फ़ें सफ़ेद हो गईं अभी उन्नीस साल में।

मै, ऐसे रोया, मेरा ही हाल देखकर,
बैठा हुआ हूँ जैसे किसी के इंतेक़ाल में।

इस बार मुझको अपनी निगेहबानी सौंप दे,
मै उम्रें गुज़ार दूंगा अभी भी तेरी देखभाल में।।

जानती है, मगर मानती नहीं,
दिन कट रहा है अभी भी तेरे ख़याल में।

वो सवाल पूछकर आगे निकल गये,
अटका हुआ हूं मैं मगर, उसके ही सवाल में।

●●●

30. किसान

नया दौर है,
अब बच्चो को नई बात सिखाना तुम,
"क" से कबुतर नही,
अब "क" से किसान पढ़ाना तुम!!

कभी जिया करो,
किसान की सी मेहनतकश जिंदगी।
दुनिया भी करती रहे, जिसकी बन्दगी!!

लोग महलों में रहते हैं,
फिर भी खुद को परेशान कहते हैं।
जो जंगली संघर्षों में भी खुश रहे, उसे ही किसान कहते हैं!!

●●●

31. हमारा विकास या विनाश

आइये आज हम विचार करते है कि हमारा बौद्धिक, सामाजिक, व्यक्तिगत, व्यवाहारिक जीवन आदि में कैसे विष घुलता जा रहा है।

1. हम उसे विकास समझते रहे, जो विनाश हमारी आंखों के सामने होता रहा। हमारे तन, मन, धन का विनाश उस समय शुरू हुआ, जब ''हरित क्रांति'' के नाम पर देश में रासायनिक खेती की शुरूआत हुई। इस तरह हमारा पौष्टिक वर्धक, शुद्ध भोजन विष युक्त होता चला गया!
2. हमारा विनाश उस दिन शुरू हुआ, जिस दिन देश में जर्सी गाय लायी गई और भारतीय स्वदेशी गाय का अमृत रूपी दूध छोड़कर जर्सी गाय का विषैला दूध पीना शुरु किया गया!
3. हमारा विनाश उस दिन शुरू हुआ, जब भारतीयों ने दूध, दही, मक्खन, घी आदि छोड़कर शीतल पेय, शराब आदि पीना शुरू कर दिया!

4. हमारा विनाश उस दिन शुरू हुआ, जिस दिन देश वासियों ने गन्ने का रस छोड़कर पेप्सी, कोका कोला पीना शुरु किया, जिसमें केवल कैमिकल होते हैं और जो कैंसर, टीबी, हृदय घात का कारण बनते हैं!
5. हमारा विनाश उस दिन शुरू हुआ जब देश वासियों ने शुद्ध देशी तेल खाना छोड़, रिफाइंड आयल खाना शुरू किया जो घातक बीमारियों (हृदय घात आदि) का कारण बन रहा है!
6. हमारा विनाश उस दिन शुरू हुआ था जब देश के युवाओं ने नशा शुरू किया (बीडी, सिगरेट, गुटखा, गांजा, अफीम, आदि) जिससे युवाओं में कैंसर बढ रहा है!
7. हमारा विनाश उस दिन शुरू हुआ जब देश में हजारों नकली दवाओं का व्यापार शुरु हुआ और अब लोग मर रहे हैं!
8. हमारा विनाश उस दिन शुरू हुआ, जिस दिन देश वासियों ने अपने स्वदेशी भोजन छोड़कर (पीजा, बर्गर) जंक फूड खाना शुरू किया जो अनेक बीमारियों का कारण बन रहा है!
9. हमारा विनाश उस दिन शुरू हुआ जब लोगों ने अनुशासित और स्वस्थ दिनचर्या को छोड़कर मनमानी दिनचर्या शुरू कर दिए।
10. हमारा विनाश उस दिन शुरू हुआ, जिस दिन लोगों ने घरों में एलुमिनियम, स्टील के बर्तन व फ्रिज लगा लिया।
11. हमारा विनाश उस दिन शुरू हुआ जब भारतीयों ने अपनी जीवन शैली को छोड़कर, विदेशी जीवन शैली अपनानी शुरू कर दी।
12. हमारा विनाश उस दिन शुरू हुआ, जिस दिन लोगों ने स्वस्थ रहने का विज्ञान छोड दिया और अपने शरीर को स्वास्थ्य सिद्धांतों के विपरीत करना शुरू किया।
13. हमारा विनाश उस दिन शुरू हुआ जब देश के अधिकतर युवा / युवतियां व्यभिचारी बनकर कंडोम का प्रयोग करके व्यभिचार

करना, गर्भ निरोधक गोलियां खाना, आदि शुरू किया। आज लाखों युवतियां गर्भाशय कैंसर से मरती हैं।

नोट :- हमारे विनाश के अनेक कारण हो सकते हैं, आज लोगों को सिर्फ रोना ही दिखाई दे रहा है। उन्हें यह भी देखना चाहिए कि लोग कैंसर, टीबी, हृदय घात, शुगर, किडनी फेल, हाई वीपी, लो वीपी, अस्थमा आदि गंभीर बीमारियों से क्यू मर रहे हैं!

●●●

32. आधुनिक जीवन के लिए आवश्यक कदम

आजकल हर ओर आधुनिक युग का बोल - बाला है, लेकिन इसके बावजूद भी हमें अपनी विरासत और अनुभवों को नही भूलना चाहिए। आज हम इन सब बातों पर विचार विमर्श कर एक बेहतर कल का आगाज करेंगे।

1. जैसा हम अपने घर-परिवार में देखते आऐ हैं एक हाथ का पंखा हर बिस्तर के नीचे होना ही चाहिए,चाहे इस्तेमाल हो या ना हो।
2. आज लुप्तप्राय लालटेन, डिबिया (किरोसन तेल) हर घर में होना ही चाहिए और कभी कभी उसका इस्तेमाल करते रहना भी चाहिए।
3. भले ही आपके घर में सबमर्सिबल, मोटर, टंकी हो लेकिन हैण्डपम्प चलाकर पानी पीते रहना चाहिए।

यदि हमारा शरीर स्वास्थ्य है तभी सब सुख सुविधा मायने रखती है, अन्यथा सब कुछ बेदम और बेकार है। शरीर को स्वास्थ्य रखने के लिए इसे अंदर से मजबूत बनाना होगा। उन सब चीजों की लिस्ट बना लेनी चाहिए जो हमारे शरीर को कमजोर कर रही हैं। जैसे एसी तथा अन्य

विलासिता की वस्तु को बहुत कम इस्तेमाल करना चाहिए।

जैसा कि सर्वविदित है, पृथ्वी पर मानव की याददाश्त बहुत कमजोर होती है। वे चीजों को बहुत जल्दी भूल जाते हैं। यकीन न हो तो मौसम ठीक (वर्षा) होने दीजिए, सब गर्मी गर्मी चिल्लाने वाले अपनी - अपनी दुनिया में व्यस्त हो जायेंगे। अभी सब लोग पेड़ लगाने की, पानी बचाने की बात कर रहे हैं, जो बहुत अच्छी बात है, बारिश होते ही पुराने ढर्रे पर लौट आएगे। अतः जो लोग लगातार इस दिशा में कार्य कर रहे हैं, उनका हौसला बढ़ाते रहिए और सुझाव भी देते रहिए, ताकि वह लोग और बेहतर प्रदर्शन कर सकें।

●●●

33. मन के हारे हार; मन के जीते जीत

अक्सर सफर पर जाते हुए भीख़ माँगने वाले लोगों को देखा होगा। ये वही हारे हुए लोग हैं। ऐसे लोग सूट बूट पहने अमीर लोग, साहूकार, बड़े - बूढे आदि सभी की ओर भीख लेने के लिए दौड़ पडते हैं।

एक बार की बात है, एक भिख़ारी मेरे पास भीख मांगने को दौड़कर आ रहा था। मैने उससे प्रश्न किया - "क्या तुम हमेशा मांगते ही हो, कभी किसी को कुछ देते भी हो?" भिख़ारी बोला - "साहब मैं तो भिख़ारी हूँ, मेरी इतनी औकात कहाँ कि किसी को कुछ दे सकूँ?"

मेने समझाया "इसका मतलब यह है कि जब किसी को कुछ दे नहीं सकते तो तुम्हें मांगने का भी हक़ नहीं है!" आज हम केवल लेन-देन में ही विश्वास करते है। अगर तुम्हारे पास मुझे कुछ देने को हो, तभी मैं तुम्हे बदले में कुछ दे सकता हूँ, अन्यथा नही।

भिख़ारी शांत खडा शायद कही गई बात के बारे में सोचने लगा या कही गयीं बात उस भिख़ारी के दिल में उतर गई होगी; लेकिन उसे इस प्रश्न का कोई उत्तर नहीं मिला।

भिख़ारी ने अगली सुबह पौधों पर खिल रहे फूल देखे, उसने सोचा- ''क्यों न मैं लोगों को भीख़ के बदले फूल दे दिया करूँ''। अब कोई भी उसे भीख देता तो बदले में वह भी कुछ फूल दे देता। फूलों को लोग खुश होकर अपने पास रख लेते और ज्यादा पैसा देने लगते।

अचानक एक दिन पुनः वह भिखारी मेरे पास आकर बोला - ''आप मुझे भीख दीजिये, बदले में मैं आपको कुछ फूल दूंगा।'' ''अरे वाह! क्या बात है? आज तुम भी मेरी तरह एक सामाजिक बन गए'' इतना कहकर मै भी अपने रास्ते चला गया।

लेकिन अति उत्साहित होकर भिखारी ने आसमान की ओर देखकर बोला, "मैं भिखारी नहीं हूँ, मैं भी एक सामाजिक इन्सान हूँ।''

बहुत दिनो बाद मै एक सूट बूट पहने व्यक्ति से मिला। वह हाथ जोड़कर मुझे प्रणाम करते हुए बोला, "क्या आपने मुझे पहचाना?" "नहीं!'' मेने जवाब कहा।

भिखारीः- श्रीमान, हम पहली बार नहीं, तीसरी बार मिल रहे हैं।

मैः- मुझे याद नहीं, हम पहले दो बार मिले हैं?

भिखारीः- मैं वही भिख़ारी हूँ ?

जिसे आपने ''लेन - देन'' का नियम समझाया था श्रीमान।

संभवतः इसीलिए ज्ञानी- महात्मा स्वयं को जानने पर सबसे अधिक जोर देते हैं। स्वयं को समझने से ही भिखारी, सम्मानित एवं सामाजिक व्यक्ति बन गया। जिस दिन हम समझ लेंगे कि ''मैं कौन हूँ'' ; फिर जानने समझने को कुछ नही रहेगा और जीत आपकी होगी।

●●●

34. एक किसान

चाहे पूरे जंगल के पेड़ों पर एक भी पत्ता नहीं रहे, पर किसान को गर्मी नहीं लग रही होगी। किसान सदैव सोचता रहता है कि सूखा हुआ ये मंजर एक दिन पुनः हरा - भरा होगा। किसान ने जो फसल बोई है उसके लिए वह सदैव ऊपर वाले से आस लगाता है कि चिड़ियो के भाग का तो देगा।

किसान के ये खाली खेत सबकुछ बयान कर रहे हैं। एक किसान शून्य में भी संभावना ढूँढता है, उसे नहीं पता कि बारिश होगी या नहीं, फिर भी वो खेत तैयार करता है, बुवाई करता है और अपने इष्ट पर भरोसा बनाए रखता है। ऐसे मेरे भोले - भाले किसान और उसकी मेहनत, आशा को बारम्बार प्रणाम करना मेरा दायित्व बन जाता है। और अन्त मे आम, नीम, पीपल, बरगद जैसे बड़े पेड़ काटकर, घर में मनी प्लांट, कैक्टस, गुलाब की झाड़ी लगाने वाली इस महान मानव जाति को आज भीषण गर्मी की हार्दिक शुभकामनाएँ।

●●●

35. गाँव वाला अपनापन

एक बार की बात है जब हमें किसी परिचित की बारात में जाना था मथुरा - वृंदावन के एक गांव में। बरात में जाते समय, माँ नें एक अजीब सी बात बताई ''बेटा वो सुनकी, हवेली वालों की लड़की ब्याही है उसी गांव में, उनसे मिल कर आना''। इतना ही नही ,जाते - जाते बोली '' बच्चों को दस -बीस रूपए भी देकर आना,बहन बेटी है वहां''।

अब मेरा मूड खराब हो रहा था। ये क्या मतलब, मैं तो उसे जानता भी नही, और मुझे पता कैसे चलेगा वो गांव में रहती कहां है? वैसे भी मैं क्यों देके आऊं रूपए? मै मन ही मन कुड रहा था। तभी माँ बोली - ''गांव में एक दो लोगों से पूछ लेना, तो घर पता चल जाएगा ... और तूं क्यों जाए ये तुझे उसके घर जाने पर स्वय ही पता चल जाएगा''

खैर! उस गांव में पहुंच गये। बारात मैं खूब नाचे, कूदे, मस्ती की, नाश्ता खाते हुए याद आई माँ की बात! एक किराने की दुकान वाले से पूछा - ''भाई साहब यहां एक 'गनौरा' गाँव की लड़की ब्याह रखी है''

वो बोला ''हाँ जी वो दो गली छोड़ के चौधरी राजवीर मास्टर साहब

का घर है, उनके लड़के की घरवाली है''

जनमाशे मे एक वेटर को बोलके थोड़ी रोटी, सब्जी और मीठा पैक कराया और उनके घर की जाकर डोरबैल बजाई! इत्तेफाकन उसी लड़की ने दरवाजा खोला।

बोली - ''हाँ जी भाई साब''

मैं बोला ''बहन मैं गनौरा गाँव से एक बारात मैं आया था। गाँव की एक लडकी ब्याह रखी है इस घर मे। बस मिलने आया था''

इतना सुनते ही जैसे वो पगला सी गई । बिना किसी शर्म, उसने दोनो हाथों से पकड़, मेरा माथा चूम लिया और लगभग चिल्लाने लगी!!! ''ओ मम्मी!! मेरा भाई आया है गनौरा से... कृष्ण भाज कै आ, तेरे मामा जी आए हैं''

मैं आश्चर्यचकित?? सोचे जा रहा था कि मेरी एक और इतनी प्यारी सी बड़ी बहन है और मुझे आज तक पता ही नही था। सच मे अपनापन क्या होता है आज मुझे अनुभव हुआ।

●●●

36. राजू का गाँव

राजू का गाँव हरियाली से भरा हुआ था। वह छोटे उम्र से ही प्रकृति के साथ खेलता और अपना जीवन बिताता रहा था। एक दिन, जब वह अपने दोस्तों के साथ जंगल में खेल रहा था, तभी उन्होंने एक व्यक्ति को देखा जो पेड़ काट रहा था। इसको देखकर राजू को बहुत अफसोस हुआ। वह उस व्यक्ति से मिला और उससे पूछा - ''वह पेड़ क्यों काट रहा है''

व्यक्ति ने बताया कि उन्हें लकड़ी चाहिए और उन्होंने यहाँ कई पेड़ काट डाले हैं। राजू ने उसे समझाया ''पेड़ों को काटने से प्राकृतिक संतुलन खतरे में पड़ता है और यह पर्यावरण को नुकसान पहुँचाता है'' उसने अपने दोस्तों को भी साथ लिया और मिलकर गाँव के जंगल मे पेड़ लगाने का निर्णय किया।

राजू और उसके दोस्तों ने मिलकर गाँव के पास एक खुली, बेकार सी पडी जगह में पेड़ लगाने का कार्य शुरु किया। उन्होंने अनेक पेड़ लगाए और साथ ही-साथ उन्हें पानी भी दिया। उनकी योजना ने उनके गाँव को एक ''हरित आश्रय'' बना दिया।

राजू की इस योजना ने गाँववालों को पर्यावरण की ओर जागरूक किया और वे समझने लगे कि प्रकृति की रक्षा ही हमारी जिम्मेदारी है। इससे न केवल उनके गाँव का माहौल स्वच्छ और हरित हुआ, बल्कि उनकी नजरें भी पर्यावरण संरक्षण की दिशा में बदल गईं। इस तरह का कायाकल्प हो गया।

●●●

37. प्रेरणादायक जीवन

एक बार की बात है, एक गाँव का निवासी, रामू समाज में जातिवाद और असमानता के खिलाफ आवाज उठाने के लिए प्रेरित हुआ। उसने स्थानीय समुदाय में मिलकर गाँव के सभागार में, एक सभा को बुलाया। लोग अज्ञानतावश आकर बैठ गए। रामू ने उनका स्वागत किया और अपनी बातचीत शुरू की।

रामूः ''प्रिय मित्रों, हम सभी यहाँ एक खास आयोजन में आए हैं। क्योंकि हम सब चाहते हैं कि हमारा समाज एकता और समानता के मूल्यों पर आधारित हो। लेकिन आज भी हमारे समाज में जातिवाद की व्यवस्था है।''

एक व्यक्तिः ''हाँ, लेकिन यह तो हमारी परंपरागत धार्मिक विचारधारा है।''

रामूः ''परंपरागतता का मतलब यह नहीं होता कि हमें असमानता को स्वीकार करना चाहिए। हमें अपने समाज को समृद्धि और उत्तरदायित्व के माध्यम से बदलना होगा।''

दूसरा व्यक्तिः "लेकिन यह कैसे संभव होगा? लोगों की सोच को बदलना मुश्किल है।"

रामूः "हाँ, मुश्किल तो है, लेकिन असंभव नहीं। हमें आगे बढ़कर सामाजिक प्रेरणा प्रदान करनी होगी। हमें एक दूसरे का सम्मान करना होगा और समानता के लिए मिलकर काम करना होगा।"

उसने लोगों को समझाया "सभी एक समान हैं, और जातिवाद और भेदभाव केवल समाज को विभाजित करते हैं"

रामू की बातों से कुछ लोगों को समझ आई, लेकिन बहुमत अभी भी धार्मिक जातिवाद का समर्थन कर रहा था। धीरे-धीरे, उसकी बातों ने लोगों को जागरूक किया और उन्हें सामाजिक परिवर्तन की दिशा में आगे बढ़ने के लिए प्रेरित किया। रामू ने अपनी निरंतरता एवं अथक प्रयासों से कमयाबी प्राप्त की और लोगों को क्रियाशील बनाया।

उसके प्रयासों से धीरे-धीरे समाज में परिवर्तन आया। लोगों के बीच बदलाव आया और वे अब जातिवाद के खिलाफ साथ खड़े होने लगे। समाज के नेताओं ने भी रामू के विचारों का समर्थन कर, साथ में आने लगे। धीरे- धीरे उनकी प्रेरणा से बहुमत भी जातिवाद के खिलाफ समर्थन करने लगा।

आज गाँव का समाज जातिवाद से काफी हद तक मुक्त हो चला है। लोग अब एक-दूसरे को समान भरे दृष्टिकोण से देखने लगे हैं और सामाजिक समृद्धि के लिए साथ मिलकर काम करने लगे हैं। रामू का यह अद्भुत प्रयास समाज में एक सामाजिक परिवर्तन का आरंभ किया और लोगों की सोच में एक महत्वपूर्ण बदलाव लाने के लिएमील का पत्थर साबित हुआ।

●●●

38. चौंधरी का विवाह

एक बार की बात है हरदौं राज्य पर एक निर्दयी राजा राज्य करता था। अपने राज्य को बढाने (विस्तार) के लिए राजा, पड़ोसी राजाओं से युद्ध भी करता रहता था। एक बार युद्ध में हार जाने के कारण, राजा ने वहाँ के किसान चौधरी किशन सिंह को हथकड़ियों में बांधकर अपने सम्मुख बुलवाया। राजा ने चौधरी साहब की बुद्धिमत्ता के कई किस्से - कहानियां सुन रखी थी। अपनी जीत के घमंड मे चूर राजा ने चौधरी के सम्मुख एक प्रस्ताव रखा - ''यदि तुम हमारे एक प्रश्न का जवाब सही दोगे तो हम तुम्हे सम्मानपूर्वक छोड देंगे अन्यथा उम्र कैद। चौधरी साहब ने हांमी भर दी।

राजा ने प्रश्न किया - एक स्त्री को क्या चाहिए होता है?

उत्तर देना काफी जटिल था! अतः चौधरी साहब ने राजा से कुछ समय मांगा। उत्तर की खोज मे चौधरी भटकते हुए कई विद्वानों, घरेलू स्त्रियों, नृत्यांगनाओं, वेश्याओं, दासियों, रानियों, साध्वी और ना जाने किस किस से मिले! किसी ने बताया की एक स्त्री को सोना, चाँदी, हीरे, जवाहरात चाहिए! किसी ने बताया प्रेम, किसी ने बेटा, पति, पिता, परिवार! किसी ने

कहा राजपाट और संन्यास! मगर चौधरी किशन सिंह को कोई संतोषजनक जवाब नहीं मिला।

एक दिन सुबह- सुबह चौधरी साहब अपनी चौपाल पर बैठकर हुक्का गुडगुडा रहे थे। तभी एक कुरूप सी बुढिया आकर बैठ गई। किशन सिंह ने अपना प्रश्न, बुढ़िया के सम्मुख दोहराया।

बुढ़िया उसकी ओर देखते हुए बोली ''मैं आपको सही उत्तर बताऊंगी, परंतु इसके बदले, आपको मुझसे शादी करनी होगी।''

एक तो बुढ़िया, उसपे बेहद बदसूरत, उसके बदबूदार, पोपले मुंह से एक सड़ा दाँत बाहर आ जाता था, जब वह अपनी कुटिल मुस्कुराहट दिखाती। जीवन की खातिर, चौधरी, बुढ़िया से विवाह करने को तैयार हो गया।

तब बुढिया ने कहा ''स्त्रियाँ, स्वयं निर्णय लेकर, आत्मनिर्भर बनना चाहती हैं।''

यह वास्तव मे एक संतोषजनक उत्तर था। अब चौधरी ने यही उत्तर राजा को बताया, वह भी अति प्रसन्न हुआ। खुश होकर राजा ने चौधरी को सम्मानित करते हुए कैद मुक्त कर दिया। गांव वापिस आकर चौधरी किशन सिंह ने बुढिया से विवाह कर लिया।

कुछ दिनों बाद बुढिया ने एक राज बताया कि वह एक ''ब्यूटीशियन'' है। वह बोली- ''चूंकि तुम्हारा हृदय पवित्र है, अतः मैं बारह घंटे रूपसी के रूप में रहूंगी और बारह घंटे अपने बुढ़िया रूप में, बताओ तुम्हें क्या पसंद है?''

चौधरी बोला- ''प्रिये, यह निर्णय तुम्हें स्वयं ही करना है, मैंने तुम्हें पत्नी के रूप में स्वीकार किया है, अब तुम्हारा हर रूप मुझे पसंद है।''

यह सुनते ही बुढिया, रूपसी बन गई और आंखो मे आंसू भी आ गए। वह बोली- ''तुमने निर्णय मुझ पर छोड़ दिया है तो मैं अब हमेशा इसी रूप में रहूंगी, मेरा असली रूप ही यही है!वह रूप तो मैंने दुनिया के कुटिल

लोगों से बचने के लिए धरा हुआ था।''

सारांश यह है कि व्यवस्था ने औरत को परतंत्र बना दिया है, पर मानसिक रूप से कोई भी महिला परतंत्र नहीं है। जो लोग स्त्री को घर की रानी बना देते हैं, वे अक्सर सुखी राजा की तरह देखे जाते हैं। आप उसे रानी भले ही न बनाएं, पर उसकी ज़िन्दगी के एक हिस्से को मुक्त कर दें। उसे उस हिस्से से जुड़े निर्णय स्वयं लेने दें।

●●●

39. आज के युवा और पुरानी सोच

आज के लोगों के पास यदि पैसा है तो वो कार लेंगे, मोबाइल लेंगे खास तौर से आज के नए दौर के लड़के और लड़कियां। एक मित्र जो बैंक में नौकरी करते हैं वो बताते हैं की आप आज किसी को देखकर ये अंदाजा नही लगा सकते की उसकी कमाई कितनी है। उनके बैंक में ऐसे ऐसे कस्टमर लड़के और लड़कियां है जिनके पास लाखों रुपए के phone, बाइक है, लेकिन खाते में सेविंग के नाम पर ठेंगा रहता है।

यही पर पुराने जमाने में हमारे बुजुर्ग कितना दूरगामी सोचते थे उसी का एक अच्छा उदाहरण मैं आप को देने जा रहा हूं। कुछ दिन पहले ताड़ी लेने एक गांव गया जो सड़क से सटी थी। इस जमीन में कई ताड़ के पेड़ थे, जिसमे से ताड़ी निकलता था। उन्होंने बताया एक पेड़ से 12 घंटे में 10 से 12 लीटर ताड़ का रस निकलता है। 100 रुपए प्रति लीटर की ये ताडी थोड़ा नशा और गर्मी में शरीर को ठंडा रखती है। ये सभी पेड़ 25 से 35 साल पुराने है।

उनके दादा ने अपने समय में इसे लगाया लेकिन जब सड़क निर्माण का

काम हुआ तो काफी लोगो ने जमीन खरीदने की पेशकश की। मेरे पिता ने इन्हें नही बेचा और मुझे भी, मृत्यु के बाद जमीन ना बेचने को कहा। कोई बहुत बड़ी आपत्ति हो तभी इस बारे में सोचना।

इन पेड़ों से प्रति दिन 70 से 80 लीटर जूस बेचकर प्रतिदिन 7000 से 8000 कमाई होती है। महीने में आराम से 2 लाख रुपए की कमाई होती है। ताड़ के जूस में किसी भी तरह का इन्वेस्टमेंट या खर्चा नही आता है। एक बार पेड़ बड़ा हो गया तो ना खाद देना है, ना पानी और ना किसी तरह का कीटनाशक, ये सालो साल आप को जूस देता रहेगा। गर्मी में इसकी बिक्री ज्यादा होती है।

अब सोचिए वो दादा जी और उनके पिता जी कितने दूरगामी सोच के होंगे! उन्होंने जमीन पर ताड़ के पेड़ को लगाया क्यों की उन्हें पाता था आज इसकी कोई कीमत नहीं है लेकिन उनके ना रहने पर उनके बच्चे और कई पीढ़ियां इसका लाभ सीधे तौर पर पाएंगे। लेकिन इसके उलट एक हमारी जनरेशन है जो दिखावे में अंधी है। उन्हें असल में वेल्थ का मतलब नहीं पता, वो बस इतना वेल्थ रखते हैं, जितने में वो अच्छी फोटो खींच सकें।

●●●

40. नवयुवकों का आधुनिकीकरण

हमारे समय में परिवार के बच्चों को सही या गलत पर टोकने का हक सभी जन का था, यहाँ तक कि राह चलते भी ''क्या है रे'' बोल देता था। बच्चों को घर में समझाया जाता था कि गाँव की लड़की, बहन के समान है, कहीं जरुरत पड़े तो उसकी रक्षा की जिम्मेदारी तुम्हारी है।

लेकिन विडम्बना देखिए, अब परिवार में ही बच्चो के गलत होने पर देखते हुए भी परिवारजन नही बोल सकते। बल्कि बोलेंगे मेरी लडकी है या मेरा लड़का है तुमसे क्या मतलब जैसी कड़वी बाते सुना देते है मां बाप या परिवारजन।

नये दौर मे आधुनिकता के नाम पर स्कूल से घर आते ही 8 साल के बच्चे से उसी की माँ बत्तीसी दिखाकर पूछती है, कोई गर्ल फ्रेंड बनाई या नहीं? साथ में बैठा बाप भी टोकने की बजाय हँसता रहता है। घर से नारी सम्मान के संस्कारों की जगह नारी भोग की मानसिकता का विष पिलाया जा रहा है। ऐसे संस्कार राम राज्य नहीं बल्की विनाश काल के राज्य का निर्माण करेंगे!

साल 2000 से पूर्व नौजवान कालेज आते - जाते सगी बहन तो छोड़िए गाँव की लड़की की और आँख उठाकर देखने वालो को ढंग से समझा देते थे। उन में से बहुत सारे, पीड़ित लड़की को शक्ल से जानते तक नहीं होते थे। मगर गाँव की लड़की है बस सोच के सम्मान की मानसिकता और संस्कार उन्हें उस बहन के सम्मान की खातिर जान पर खेलने से भी परहेज नहीं करने देते थे।

आज युवकों की मानसिकता यह है कि पड़ोस का आवारा, किसी दूर स्थान के आवारा से यह कहता अमूमन मिल जाएगा कि हमसे तो पटती नहीं, भाई तु पटा ले! यह कैसा जानवर राज देख रहे हैं। हमलोगों को एसे मुद्दों पर विचार अवश्य करना चाहिए साथियों! अपने घर को बदलेंगे, देश बदलते देर नहीं लगेगी!

आधुनिकता के नाम पर हम कैसे नंगापन, फूहड़ता और दिखावे को ढोते फिर रहे हैं। क्या आज हम अपने बुजुर्गों के विचारों, संस्कारों और पहनावे को रद्दी की टोकरी में फेंक आये हैं। मेरे विचार से ऐसी आधुनिकता को तो आग लगा देनी चाहिए। यह अतिशीघ्र एक बीमारी बन जायेगी, जिसे बाद मे रोकना बहुत कठिन हो जाएगा।

●●●

41. आजकल का धर्म - कर्म

आजकल हर ओर धर्म और अध्यात्म का बोलबाला है। यदा - कदा कुछ धार्मिक स्यमंभू अधार्मिक आचरण के चलते दैनिक चर्चा का विषय भी बन जाते हैं। यह चर्चा आपेक्षित होती है उस स्वयंभू के आचरण, ज्ञान, सांस्कृतिक विरासत और धर्म पर आधारित। इस तरह के स्वयंभू चर्चित धार्मिक लोग अपने को सर्वश्रेष्ठ की श्रेणी में रखते हैं, लेकिन वे वास्तव में किसी निम्न स्तर पर भी नही टिकते। उदाहरण आपके आस-पास काफी होंगें!!

किसी भी धर्म में ''दान-पुण्य'' करना अच्छा धर्म कर्म माना गया है, किन्तु इसमें धन- धान्य का खर्चा करना क्या अनिवार्य होता है! क्या बिना धन-धान्य खर्च किए भी धर्म- कर्म हो सकता है ? हां, बिलकुल हो सकता है; जैसे करुणा, दया, और अहिंसा का वर्ताव एवं भयभीत को निर्भय करना आदि इसके उदाहरण प्रस्तुत किए गएहैं।

किन्तु - परन्तु कोई जीव (जानवर भी) दान-पुण्य, धर्म-कर्म करता क्यों है! दान-पुन्य करने के मेरे अनुसार मुख्यतः तीन श्रेणियां हो सकतीं

हैं। अथवा दान- पुन्य तीन तरह से किया जा सकता है -

1. किसी सच्चे संत- महात्मा, महापुरुष, सत्पुरुष को, अथवा किसी मजबूर जरुरतमन्द - गरीब को सहायतार्थ।
2. अपनी प्रतिष्ठा को प्रदर्शित करने के वास्ते।
3. किसी ढोंगी, छलिया, अधार्मिक या गलत आदतें (व्यसन) पाले हुए को।

मेरे विचार से उक्त तीनों श्रेणियों में पहला दान- पुण्य सात्विक, दूसरा राजसी, और तीसरा, तामसी होगा। तीनों ही प्रकार के दान- पुन्य मान्य एवं कर्मफल भी तीन ही प्रकार के हो सकते हैं सात्विक, राजसी, और तामसी।

अतः दान-पुण्य करने के लिए किसी भी प्रकार की कोई बाध्यता नही है। यह व्यक्ति / समाज के स्वविवेक पर निर्भर करता है कि वह अपने धर्म- कर्म, दान- पुन्य किस विधि से करता है। व्यक्ति / समाज का अधिकार स्वतंत्रता से कर्म करने में है, उसके कर्मफल में नहीं। तात्पर्य यह है कि हम जैसे कर्म करेंगे, वैसे ही कर्मफल हमको मिलेंगे। किसी को देखकर, प्रभावित होकर, लालच मे आकर, दिखावा के लिए, स्वार्थवश, किसी के कहने से आदि किए गए धर्म कर्म व्यर्थ ही हैं।

●●●

42. तपती गर्मी में वृक्षारोपण

थोड़ा ध्यान देने से पता चलता है कि हमरे इर्द - गिर्द पेड़ों के कितने अवशेष पडे रहते हैं, और हम आजकल चिल्लाए जा रहे हैं ''पेड कहाँ गए''; वृक्षारोपण करो! मैने एक पार्क में देखा कि कुछ संभ्रांत लोग, एकदम ''उज्जर'' (उजले) या सफेदपोश नेतागण मई-जून की तपिश को धता बताते हुए, वृक्षारोपण का फोटो खींचे जा रहे थे!

पहले घरों में फर्नीचर के नाम पर खाट, पीढे व मूढ़े ही ज्यादा होते थे, जिनमें बहुत कम लकड़ी का उपयोग होता है, वो भी सामान्य सी लकड़ी। (खाट मे सेरू व बाही बाँस की, मूढ़े सरकंडे से बने होते थे)

यदि कुछ साल पहले तक की बात करें तब तक बहुत सारे नीम, पीपल, बड़, कीकर, शीशम, जांडी, आम, जामुन, जाळ, कंदू, शहतूत आदि बहुतायत मे हमारे आसपास होते थे। फिर विकास के नाम पर, सड़क- परिवहन, शहरीकरण, औद्योगिकरण, गोदाम आदि बनाए जाने के नाम पर, धीरे-धीरे बड़े पेड़ काटकर आलिशान दिखावटी फर्नीचर बनाए जाने लगे। अमीर दिखाई देने के लिए लकड़ी से डबल बैड, सोफे, मेज,

अलमारी, कुर्सी आदि बना कर अपने घरों में भर ली!

वृक्षारोपण के नाम पर फूल - पौधे और यूकेलिप्टस लगाने लगे। परिणामस्वरूप आज जंगल खाली उसर जैसे दिखाई दे रहें हैं।

जहाँ स्कूलों में टाट बिछाकर पढ़ा करते थे, पेड़ काट कर बैंच बना डाले। नजर घुमाओ और देखो कोई तीस चालिस साल पुराणा पेड़ आसपास शायद ही दिखाई दे! पेड़ आजकल स्कूल कालेजों में ही बचे हैं। विश्व पर्यावरण दिवस भी देखो, तपती गर्मी मे मनाते हैं! पढ़लिख कर मूर्ख हो गये लगता है। सोफे या डबल बैड पर बैठकर, ऐसी चलाकर, सोशल मीडिया से प्रभावित हो कर, फोन पर विश्व पर्यावरण दिवस की बधाई दी जा रही है। बाहर निकल कर देखो, 48^0 के तापमान में पेड़ कैसे वृद्धि करेंगे। पश्चिमी जगत वाले अपने मौसम व मान्यताओं के हिसाब से दिन निर्धारित करते हैं और तुम अक्ल से अंधे भारतीय आँख मिंच कर उन्हें मानने लगते हो।

अतः पेड़ एक नहीं अनेक लगाना पर मानसून आने पर। जेठ के महीने में पेड़ लगायेगें तो पानी कौन देगा? मनन करें और अषाढ़ से फागुन बरसात तक जितने मर्जी पेड़ लगाए ।

●●●

43. एक प्रेरणा

साधारणतया लडकियों को भारी कार्य करते हुए बहुत कम ही देखा होगा। आज हम आपको बता रहे हैं

एक मजबूत इरादों वाली लड़की ''हरपाल कौर'' के बारे में। ये पंजाब मे रहती है और वेल्डिंग का कार्य करती है, वो भी भारी खेती बाडी उपकरण !

सिक्ख एक बेहद जुझारू, मेहनतकश, इमानदार, व्यवसाय पसंद कौम है। हरपाल कौर पंजाब के लुधियाना और जालंधर के बिल्कुल बीच में फगवाड़ा कस्बा से मात्र कुछ (13 किलोमीटर) दूर गुरा नामक गाँव मे रहती है। गाजे -बाजे के साथ इसके पिता ने बीस वर्ष की उम्र में शादी कर दी। ससुराल वालों से कुछ मतभेद हुए, बाद मे पिता के पास आकर रहने लगी। उसका एक लड़का (नौ साल) भी हुआ, उसे भी साथ ले आई। पिता के घर पर तीन कुंवारी बहनें पहले से ही थी। लेकिन एक असाह और मजबूर पिता ने लडकी को ससुराल में रहने के लिए दबाव देने की बजाय, खुद के जीवन को अपने हिसाब से जीने के लिए स्वंतत्र कर दिया और सदैव उसके फैसले को सम्मान दिया।

आज के परीवेश मे एक खुद्दार, परित्यागता लडकी का 9 वर्ष के लड़के के साथ, मायके में रहना भी आसान नही होता। साथ ही तलाक का केस चल रहा है। परिवार, रिस्तेदारों के व्यंग्य बाण रोज सुनने को मिलते थे। रोज रोज पिता से खर्चा पैसा मांगना भी आत्मसम्मान को ठेस पहुंचाता होगा!!! कहीं जॉब शुरू करके जीवन को पटरी पर लाने की कोशिश भी की लेकिन सफल नही हो पाई।

हरपाल कौर के पिता एक दुकान में वेल्डिंग करके कृषि उपकरण बनाने का कार्य करते थे। दुकान के ऊपर ही उनका घर है। बस लड़की ने पिता के साथ यहीं दुकान पर काम करना शुरू कर दिया। एक मजदूर की तरह कार्य, साथ मे अपनी जगह रहेगी तो सेफ्टी भी मिलेगी।

लोहे को वेल्डिंग करके खेती के लिए उपकरण बनाने का कार्य शुरूआती 300 रुपये रोजाना के हिसाब से शुरू कर दिया और पंजाब की पहली वेल्डिंग गर्ल बनी। हाथ मे सफाई इतनी कि ट्रैंड लड़के भी उसके जैसा काम न करते। वेल्डिंग की तेज रोशनी से आंखों सूज जाती, रोज आँखों से पानी बहता, लोहे उठाने से हाथ काले पड़ जाते और दर्द करते, जुराबें गर्म होकर जूते के अंदर ही पेर से चिपक जाती कि उसे निकाल भी

न पाती। कई लड़की उसे देखकर दुकान पर काम सीखने आई, पर वहां की मेहनत देखकर दोबारा मुड़कर उस शॉप पर नही गयी।

जितना काम दूसरा मजदूर एक दिन में करके देता, उतने ही पैसे में वो दुगना काम पिता को करके देती वो भी एकदम सफाई से। हरपाल रोजाना सुबह जल्दी उठकर और शाम को सबसे बाद में काम छोड़ती। साथ ही टिक टोक पर वीडियो बनाने शुरू किए। वो बन्द हुई तो इंस्टाग्राम पर अपने वेल्डिंग करने के वीडियो पोस्ट किए। लोगों को पता लगने लगा। एक पंजाबी चैनल ने इंटरव्यू किया तो पूरे पंजाब समेत, विदेशों में भी लड़की की चर्चा होने लगी। भारत समेत इंग्लैंड, कनाडा और यूरोप के अन्य देशों से भी लड़की के लिए रिश्ते आ रहे हैं, पर वो अपने देश की मिट्टी में रहकर ही कार्य करना चाहती है; चाहे पैसे कम क्यों ना मिले। हरियाणा, पंजाब और राजस्थान से भी लोग कृषि उपकरण बनवाने के लिए आने लगे हैं। हर जगह बेटी की वजह से भगवान सिंह धंजल की दुकान की कीर्ति पूरे भारत मे फेल गयी।

हरपाल कौर सबसे बड़ी है, उससे छोटी की शादी कर दी गयी। उससे छोटी पंजाब पुलिस में सेलेक्ट हो गयी। सबसे छोटी इसी के साथ दुकान पर काम करती है। बेटी की जी तोड़ मेहनत की वजह से आज पिता का व्यवसाय पहले से कई गुना बढ़ गया है। लड़की के पास खुद का बैंक एकाउंट, पैसे हैं पर फिर भी रोज जी तोड़ मेहनत करती है। एक दिन दुकान

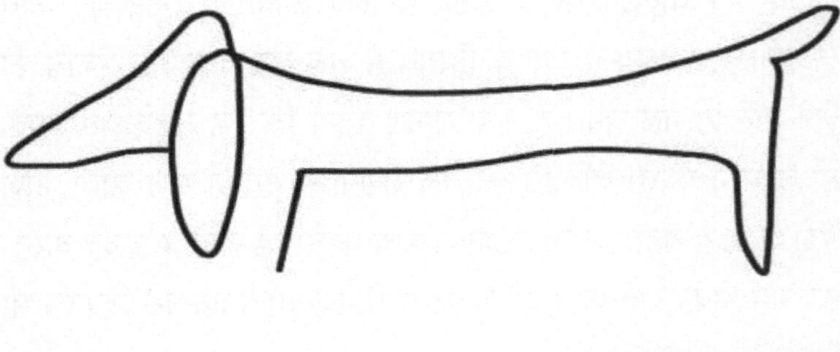

पर मेले कुचैले कपड़ों और काले हाथों के साथ लोहे को वेल्ड कर रही होती है, तो दूसरे दिन बुलेट पर चलती, एक खूबसूरत परी जैसी दिखती है।

हम गर्व से कह सकते है कि हमारे समाज मे ऐसी देवी जैसी लड़कियां भी हैं वो चाहती तो कब की शादी करके अपने लिए जीना शुरू कर देती। पर बेटे के भविष्य को देखकर फुंक फूंक कर कदम रखती है। अणु शक्ति के दिये हुए टॉपिक तो ऐसी लड़कियों के मन मे ही नही आते,

अभिभूत हो जाता हूँ ऐसी संघर्षरत, जुझारू लड़कियों के जीवन के प्रति जज्बे को देखकर !

●●●

44. शादी - ब्याह और बढ़ती उम्र- एक व्यथा या व्यवस्था

शादी-ब्याह की सूचना ही अपने आप में एक आनंदित करती है, शुकून देती है। क्योंकि हमारे समाज का ताना-बाना ही कुछ ऐसा है। किसी का शादी - ब्याह हो तो दावत मिले, नाच - गान हो, आना - जाना बड़े। लेकिन आज आप महसूस करेंगे, कुछ शादी-ब्याह बड़ी ही मजबूरी मे बनते हैं। वहाँ सारा आनंद केवल संख्यात्मक और दिखावे से ज्यादा कुछ नही, क्योकि वहाँ जोडी की उम्र के कारण सारा नशा उतर चुका होता है। बचती है तो बस निराशा, प्रदर्शन, मजबूरी, अलगाव, ताने, तनाव, कसम-कस मे हिचकोले खाती जिन्दगी! इसलिए पहले लोग शादी जल्दी करने पर जोर देते थे, लेकिन आज लोग पहले करियर बनाने के पीछे भागते रहते हैं!

मेरा मानना है "कम उम्र में हुई शादी आप को आपके पार्टनर और परिवार से घुलने मिलने में ज्यादा आसान होती है; जबकि देर से हुई शादी में लोग इतने ज्यादा जटिल हो जातें हैं की वह अपने आप को नए माहौल में ढाल नही पाते?" अधिक उम्र में शादी होने से वैसे ही मन की जिज्ञासाऐ

(कामवासना) खत्म सी हो जाती है, रही सही कसर, उम्रदराज साथी को देखकर निकल जाती है। फिर बचता क्या है, साथ रहना - खाना, सोना - जागना, और कौं - कौं (कांव-कांव)!

जब मेरी शादी हुई तो मुझे पता था, कि जिस व्यक्ति से मेरी शादी हो रही है वो काफी कम है; पर उम्र अधिक होने पर मां - बाप को भी काफी चिंता होने लगती है! घर वालों, परिवारिजन, बाहर वाले सब बोलने लगते हैं ''शादी करो नही तो उम्र निकल जाएगी''।

एक आपबीती पर विचार करते हैं, जिनका लगभग 35 साल की उम्र में विवाह हुआ, ये काफी लेट था और जिससे शादी हुई उसकी उम्र शायद उस समय लगभग 37 -38 साल तो रही होगी। लेकिन शादी के बाद पत्नी के साथ - साथ पुरुष की जिंदगी में एक और चीज और आती है जिसे हम ''जिम्मेदारी'' के नाम से जानते हैं।

उनके बीच आये दिन झगड़े होने लगे। ''देखो मेरी आय कम है; उम्र ज्यादा है; इसका मतलब ये नही है की हम दोनों साथ में हसी - खुश नहीं रह सकते''! ऐसे ही करते - करते दिन, महिने बीत गए लेकिन दोनो के बीच पति - पत्नी वाला रिश्ता बना ही नही! धीरे - धीरे बात इतनी बड गयी कि लड़की ने भी बोल दिया - ''जिस दिन आप अच्छा कमाने लगें, उस दिन आ जाना लेने; आप तो अभी मेरा खर्चा भी नही उठा पाते! इस तरह दोनो के मध्य ''तलाक'' हो गया।

तलाक के कुछ महीने बाद लड़की को भी जीवन यापन हेतू एक नौकरी करनी पड़ी। शायद अब उसे पता चलने लगा था कि ''पैसा कमाना कितना मेहनत का काम है''! ये भी पता चला की डायवोर्सी लड़की के आगे - पीछे सब गिद्ध की तरह नज़रें गढाये रह्ते हैं।

अब छोटी सी तनखवाह के लिए पूरे दिन काम करना पड़ता, लोगो के हरासमेंट का सामना करना पड़ता? पहले इससे ज्यादा घर बैठे मिल जाता था! ऊपर से दिनभर की मेहनत, थकान अलग! अब उसे समझ में आने

लगा था की नौकरी करना कितना कठिन है। अब गलती समझ आई, रिश्ते को पैसे पर तोलना सही नही था! यदि प्यार से समझती तो जीवन अच्छा चल रहा होता।

गटबंधन को चलाने के लिए जरूरी है आपसी सहमति, समाजस्य और विश्वास। लेकिन आज इसी तरह अधिकांश लड़के-लड़कियां अपनी शादी में सबसे पहले ये देखते हैं की लड़का पैसा कितना कमा रहा है! लडकी की लम्बाई, पढ़ाई, पैसा देखा जाता है। किसी अमीर की खरी-खोटी सुनने से बेहतर है, किसी संस्कारवान के साथ शादी कर के खुश रहो, आनंद मे रहो।

●●●

45. सामाजिक और धार्मिक भेड़चाल

भारत एक वास्तविक सम्पन्न देश है, लेकिन यहाँ पर लोग बिलकुल भी सम्पन्नता मे विश्वास नही करते, अपितु एक- दूसरे को देख वैसा करने की कोशिश करते रहते है। कभी - कभार कुछ हद तक उनकी इच्छाऐ फलीभूत हो भी जाती हैं। मगर प्रकार की कोशिश संयोग पर अधिक निर्भर रहती है। परन्तु यही संयोग आगे चलकर भेड़चाल को बढ़ावा देता है, जिस कारण एक विशेष वर्ग का पेट भी पलता रहता है।

कालान्तर में यही एक सामाजिक परम्परा बन जाती है जिसे नकारा नही जा सकता! मान लो कोई एक वैक्ति जो अपनी तरह से कार्य करेगा ओर उसे अचानक कुछ लाभ मिले; तो उसे देखकर दूसरा, तीसरा, चौथा यानि धीरे - धीरे सब उसकी बनाई ड़गर पर चल पड़ेंगे। उस पहले जातक की कहानी बताते हुए कि "उसने ऐसा किया; जिसके चलते ही उसको लाभ हुआ था"! जैसे पत्थर, मिटटी के ढेर पर चादर चढ़ाई जाए, वो भी एक खास रंग व आकार वाली, परम्परा लगभग सभी जगह मिलेगी?

अब यदि एक इन्सान धर्म में विश्वास रखेगा तो वो ज्यादातर कब्र

अथवा मिलते जुलते आकार आदि पर चादर ज़रूर चढ़ाएगा। लेकिन क्या फायदा सबको मिलेगा! शायद नही लेकिन कुछ लोग इसे रोजगार अवश्य बना लेंगे। इसी तरह जो ग्रह आदि को शांत करने के लिए दान देने या लेने मे विश्वास करते हैं या इससे सौभाग्य बढ़ता है। ये भी एक परम्परा रही है मगर इससे दुर्भाग्य की मार भी पड़ सकती है! ये लाल किताब नें ही उजागर किया है?

अतः कोई भी कार्य करने से पूर्व उसे अपने मन, वचन अथवा विज्ञान के दृष्टिकोण से परख लेना चाहिए। मन के मानने पर ही कार्य करने की कोशिश करें, किसी के बहकावे या दिखावे से प्रेरित होकर नही! इस तरह एक वास्तविक, स्वायत्त, स्वच्छ और परहितकारी परंपरा, चाहे वह सामाजिक हो, धार्मिक हो या वैज्ञानिक; का उदय होगा। ●●●

46. गुलाम कहाँ से आए

कोई भी समय, स्थिति हो हमें नौकरों की आवश्यकता पडती ही रहती है। लेकिन मूल रूप से, नौकर अथवा दास कुछ विशेष जगह और परिस्थितियों से अधिक आते हैं। आजीविका चलाने हेतू मानव मजबूर होकर किसी दूसरे मानव की सेवा - चाकरी करने लगता है जो नौकरी कहलाती है। यह भी देखा जाता है कि कुछ लोगों को बंधक बनाकर, या दबाव मे लेकर बलपूर्वक कार्य कराया जाता है वो गुलाम या दास कहलाए जाते हैं। इस तरह के गुलामों को कोई पारिश्रमिक भी नही मिलता आथवा नाममात्र का होगा। ये लोग पीढ़ी दर पीढ़ी गुलामी मे ही जीने को मजबूर रहते हैं। इनके मौलिक अधिकार भी छींन लिए जाते हैं।

जब भी कोई राजा अपनी सैन्य शक्ति का प्रदर्शन कर, और नए क्षेत्रों पर विजय प्राप्त करता, तो अक्सर स्थानीय लोगों को पकड़ कर बलपूर्वक ''गुलाम'' बना लेता था। यह शायद गुलामी के लिए सबसे सरल तरीका था। जूलियस सीज़र के बारे में सोचें, जिसने दावा किया था कि उसने लगभग दस लाख लोगों को ''गुलाम'' बनाया था!

इसी प्रकार समुद्री डकैत और अपहरण करता केवल सुंदर नाव की सवारी, व्यापार के नाम पर अथवा किसी और तरह से लोगों को गुलाम बनाकर बेचने के लिए अपहरण करते थे। कुछ बड़े डकैत गुलाम खोजने के लिए जहाजों का भी उपयोग करते थे।

प्राचीन समय मे व्यापार को बढ़ावा देने हेतू मार्गों का एक विस्तृत नेटवर्क तैयार करने के लिए स्थायी गुलामों को रखा जाता था। इस कारण कुछ व्यापारी, अन्य व्यापारी से, दासों के बदले सामान का आदान-प्रदान भी करते थे। सिल्क रोड सिर्फ़ मसालों और रेशम के व्यापार के लिए ही नहीं अपितु गुलामों के व्यापार के लिए भी प्रसिद्ध था!

इसी प्रकार गुलामी में पैदा होना भी अपने-आप मे एक अभिशाप से कम नही था। अगर किसी के माता-पिता गुलाम थे, तो उनके बच्चे अपने आप ही गुलामी में ढल जाते थे। यह किसी सजा से कम नही है।

गुलामी का सबसे महत्वपूर्ण कारण कर्ज में डूबना था। जो आपको स्वतः ही गुलामी में डाल सकता था। अगर आप अपने उधार नहीं चुका पाते, तो जमानत के तौर पर साहूकार, भारी जुर्माने के साथ, व्यक्ति को बंधक बनाकर गुलामी करवा सकता है। इस प्रकार का कर्ज पीढ़ी दर पीढ़ी समाप्त नही होता था। कुछ लोगों को अपराध करने पर गुलामी की सज़ा भी हो सकती थी, जो सबक सीखाने का एक बहुत ही कठिन तरीका था।

इस तरह हम देखते हैं कि गुलाम विविध समूहों से सम्बंधित हो सकते थे, जो देश, समाज के सभी कोनों से आते थे, जिनमें से प्रत्येक की अपनी अलग कहानी थी, दुर्भाग्य से वे जबरन दासता के सामान्य भाग्य से बंधे थे। दास प्रथा उन्मूलन के लिए काफी आन्दोलन भी हुए हैं, लेकिन सभी अपर्याप्त ही साबित हुऐ; क्योंकि आज भी इन्सान गुलामी को बढ़ावा देता रहता है।

●●●

47. धीरे धीरे, साथ छोड़ते लोग

आपको जानकर आश्चर्य होगा, आने वाले कुछ सालों में एक स्वाभाविक पीढ़ी, हमारा साथ छोड़ कर जाने वाली हैं! यह बात कड़वी है, लेकिन उतनी ही सत्य भी है। इस पीढ़ी के लोग बिलकुल अलग ही हैं, आईये कुछ लोगों से मुलाकात करें।

1: रात को जल्दी सोने वाले, सुबह जल्दी जागने वाले, भोर में घूमने निकलने वाले।

2: आंगन के पौधों को पानी देने वाले, सामाजिक योगदान के लिए नई नस्ल को डांटने वाले।

3: प्रतिदिन पैदल चलने वाले, भजनों का रस घोलने वाले।

4: रास्ते में मिलने वालों से राम राम करने वाले, उनका सुख दुःख पूछने वाले,

5: सिर पर हाथ फेर आशीष देने वाले, बगैर अन्नग्रहण कर ना जाने वाले।

6: तीज त्यौहार, मातम, मेहमान शिष्टाचार, अन्न, धान्य, सब्जी, भाजी

की चिंता, तीर्थयात्रा, रीति रिवाज, चौपाल का चिन्तन करने वाले।

7: पुराने फोन रखने वाले, फोन नंबर की डायरियां रखने वाले, रॉन्ग नम्बर से भी बात कर लेने वाले।

8: समाचार पत्र को दिन भर में दो-तीन बार पढ़ने वाले।

9: सिर पर साफा, तन पर सफेद कमीज़ धोती, कानों में मुरकिया या लौंग के शौक रखने वाले।

10: हमेशा हिन्दी माह व तिथि याद रखने वाले, अमावस्या और पूर्णिमा पर विशेष आयोजन करने वाले।

11: समाधियों पर विश्वास रखने वाले, समाज का डर पालने वाले।

12: पुरानी चप्पल, बिखरे बाल, फटे बनियान, टूटे चश्मे वाले।

13: गर्मियों में खेत खलिहान गुलजार करने वाले, बारिश की बात करने वाले, मौहमाया की सलाह देने वाले।

14: हर रोग का घरेलू उपचार जानने वाले, सिगडी जलाने वाले, मतीरा, काचरा, केर, ग्वारफली और मूली में साग भाजी ढूंढने - खाने वाले।

उनका अजीब सा संसार है। क्या आप जानते हैं ये सभी लोग धीरे धीरे, हमारा साथ छोड़ के जा रहे हैं। क्या आपके घर में भी ऐसा कोई है? यदि हाँ, तो उनका ख्याल रखें। अन्यथा एक महत्वपूर्ण सीख, उनके साथ ही चली जायेगी! संतोषी, सादगीपूर्ण, प्रेरणा, मिलावट और बनावट रहित जीवन। धर्म सम्मत मार्ग पर चलने वाले, सबकी फिक्र कर आत्मीयता व अध्यात्म से प्रभावित मार्मिक जीवन।

याद रखिए संस्कार से ही अपराध रोके जा सकते हैं!

●●●

48. बाबा टिकैंत - नाम मे ही शक्ति

ऊल जुलूल बाबाओं, नेताओं से इतर, किसान हितों के लिए आजीवन संघर्षरत, किसानों की आवाज व दिलो की धड़कन बन जाने वाले सच्चे, सरल स्वभाव के धनी चौधरी महेंद्र सिंह टिकैत को सर्वप्रथम कोटि कोटि नमन!

'पश्चिमी उत्तर प्रदेश में किसानों के लिए दो चेहरे ऐसे हैं जो सदैव अविस्मरणीय हैं। एक चौधरी चरण सिंह और दूसरे चौधरी महेंद्र सिंह टिकैत; एक राजनीतिक मसीहा तो दूसरे किसानों के मसीहा थे। 'चौधरी महेंद्र सिंह टिकैत' पश्चिमी यूपी का एक ऐसा नाम जो राजनीतिज्ञ ना होते हुए भी, राजनीति में किसानों की आवाज और पहचान बना।

जीवन भर किसानों के हितों का संघर्ष जारी रखकर टिकैत ने राजनीति को प्रभावित करते हुए भी खुद को हमेशा इससे दूर रखा। एक वक्त वह भी था, जब वोट क्लब, हुक्का क्लब में बदल गए थे। क़रीब 25 सालों तक किसानों की आवाज बनकर उनकी समस्याओं को जोर शोर से उठाया। विशेष कर पश्चिमी उत्तर प्रदेश और हरियाणा के किसानों में उनकी गहरी साख थी। उन्होंने किसानों के लिए "भारतीय किसान यूनियन" नाम से एक गैर राजनीतिक दल बनाया, जिसका प्रभाव देशभर की राजनीति और सरकार पर अभी भी भारी पडता है।

चौधरी महेंद्र सिंह टिकैत का जन्म उत्तर प्रदेश के मुजफ्फरनगर जिला, सिसौली गाँव में 6 अक्टूबर सन 1935 को स्व.चौधरी चौहल सिंह के घर हुआ था। इनके पिता जाटों की बालियान खाप के मुखिया और अपने क्षेत्र के सम्मानित व्यक्ति थे। सन 1943 में मात्र 6 साल की उम्र मे पिता के देहांत के बाद खाप की गद्दी संभाली। खाप के मुखिया को खाप के बाकी लोग "बाबा" कहते हैं। बाबा शब्द जाट समाज में सम्मान का प्रतीक हैं। इस प्रकार चौधरी महेंद्र सिंह टिकैत "बाबा टिकैत" भी कहलाते हैं।

सन 1986 जब किसानों के मसीहा चौधरी चरण सिंह का देहांत हुआ तो चौधरी महेंद्र सिंह टिकैत किसानों की आवाज बनकर उभरे। किसानों

के बीच बढ़ते असर का अनुमान सरकार को तब हुआ जब टिकैत ने दिसंबर 1986 में ट्यूबवेल की बिजली दरों को बढ़ाए जाने के ख़िलाफ़ मुज़फ्फरनगर के शामली से एक बड़ा आंदोलन शुरु किया था। इसी आंदोलन के दौरान एक मार्च 1987 को किसानों के एक विशाल प्रदर्शन के दौरान पुलिस गोलीबारी में दो किसान और पीएसी का एक जवान मारा गया था।

इस घटना के बाद टिकैत राष्ट्रीय स्तर पर चर्चा में आए। उत्तर प्रदेश के तत्कालीन मुख्यमंत्री वीरबहादुर सिंह ने टिकैत की ताकत को पहचाना और खुद सिसौली गांव जाकर किसानों की पंचायत को संबोधित कर राहत दी। इसके बाद से ही टिकैत पूरे देश में घूम घूमकर किसानों के हित के लिए कार्य करने लगे। उन्होंने आंदोलन को राजनीति से बिल्कुल अलग रखा और कई बार राजधानी दिल्ली में आकर भी धरने प्रदर्शन किए।

टिकैत ने चौधरी चरण सिंह साहब के बाद मंद पड़े किसान आन्दोलन को नयी धार दी और ऐसी गति प्रदान की, कि राज्य सरकार से लेकर केंद्र सरकार तक किसानों की ताक़त के आगे नतमस्तक हो गयी। जब भी किसानों के मुद्दे पर सरकार से लोहा लेने की बात आई, चौधरी टिकैत हमेशा आगे रहे। सन 1988 का मेरठ मार्च हो या 110 दिन लम्बा चलने वाला रजबपुर सत्याग्रह। बाबा टिकैत ने सरकार की नींव हिलाकर रख दी।

बाबा टिकैत ने किसानों की उन समस्याओं को उठाया जो सरकार को बहुत छोटी लगती थी, जैसे बिजली, पानी, खाद इत्यादि। चौधरी टिकैत ने हमेशा किसानों के हित को सर्वोपरि रखा चाहे वो किसान की काश्तकारी से जुड़े मुद्दे हो या भूमि अधिग्रहण का मुद्दा। टिकैत खेती में कॉर्पोरेट संस्कृति के महाविरोधी थे। भूमि अधिग्रहण के मुद्दे पर टिकैत कहते थे कि "किसान की रोजी रोटी का सवाल सिर्फ ज़मीन से हैं। जरूरत में तो हाथ की रोटी भी दी जा सकती हैं पर जोर जबरदस्ती से कोई किसान की ज़मीन नही ले सकता। अधिग्रहण के क़ानून में बदलाव होना चाहिए कि ज़मीन देने

में किसान ख़ुशी से रजामंद हो और उसे अपनी ज़मीन की वाजिब कीमत मिले, जिससे उसका और उसके बच्चों का भविष्य सुधर सके।"

चौधरी टिकैत ने किसानों के लिए बहुत से संघर्ष किये, लेकिन कभी सरकार के अन्याय के सामने घुटने नहीं टेके। यह बाबा टिकैत का ही दम-ख़म था कि मुख्यमंत्री और मंत्री दिल्ली और लखनऊ से निकलकर उनके दरवाजे पर आते थे। वह किसान नेताओं और किसान दलों की एकजुटता के पक्षधर थे। कई बार ऐसे मौके आये कि उन्होंने सभी किसान नेताओं को एक मंच पर इक्कठा किया। मुख्यमंत्री हो या प्रधानमंत्री चौधरी टिकैत के हुक्के की गडगडाहट से सभी भली भांति परिचित थे।

बाबा टिकैत सिर्फ किसानों की आवाज ही थे, ऐसा नही है, बल्कि वह क्षेत्र में सामजिक एकता के भी पक्षधर थे। सन 1989 में भोपा क्षेत्र की मुस्लिम युवती के इन्साफ के लिए उनके द्वारा चलाये गये आन्दोलन ने देश की राजनीति में भूचाल ला दिया था। आंदोलनों के चलते कई बार चौधरी टिकैत जेल भी गए, पर उनकी ताक़त कम होने की बजाय हमेशा बढती ही रही और सरकार को हमेशा उनके आगे झुकना पड़ा। आन्दोलन के साथ ही साथ टिकैत को कई बार आरोपों और विवादों का सामना भी करना पड़ा पर अपने करिश्माई व्यक्तित्व के कारण उनके विरोधियों को हमेशा पीछे हटना पड़ा।

किसान नेता टिकैत सरल स्वभाव और अपनी देहाती शैली के कारण क्षेत्र में अलग पहचान रखते थे। कई बार तो उनकी सरलता के कारण उन्हें विवादों में रहना पड़ा। सन 2008 में मायावती से विवाद से जहाँ वह राष्ट्रीय मीडिया और सरकार के निशाने पर आ गये थे। लेकिन समर्थकों के अपार समर्थन से वह न सिर्फ पूरे मामले से बाहर आये बल्कि उत्तर प्रदेश की तत्कालीन मुख्यमंत्री मायावती को पछताना भी पड़ा था।

2010, टप्पल में किसानों की भूमि अधिग्रहण को लेकर लड़ी गयी लड़ाई उनकी अंतिम लड़ाई थी। 76 साल की उम्र में केंसर से पीड़ित होते

हुए भी बाबा टिकैत अंतिम दिनों तक टप्पल में किसानों के संघर्ष में कदम से कदम मिलते रहे। 15 मई 2011 को मुज़फ्फरनगर में बाबा टिकैत का देहांत हो गया।

उनकी मृत्यु से किसानों का मसीहा छिन गया। आज किसान अपने वजूद की तलाश में प्राकृतिक और राजनीतिक हर ओर से छला जा रहा हैं और आत्महत्या करने को मजबूर है।

●●●

49. ज्ञानी दानी अभिमानी राजा महेंद्र प्रताप सिंह

उत्तर प्रदेश के हाथरस क्षेत्र में राजा दयाराम ने 1817 में अंग्रेजों से भीषण युद्ध किया। मुरसान के जाट राजा ने भी युद्ध में जमकर साथ दिया। लेकिन अंग्रेजों ने दयाराम को बंदी बना लिया। 1841 में दयाराम का देहान्त हो गया एवं उनके पुत्र गोविन्द सिंह गद्दी पर बैठे। 1857 में गोविन्द सिंह ने अंग्रेजों का साथ दिया फिर भी अंग्रेजों ने गोविन्द सिंह का राज्य लौटाया नहीं, बल्कि कुछ गाँव, 50 हजार रुपये नकद और राजा की पदवी देकर हाथरस राज्य पर पूरा अधिकार छीन लिया। राजा गोविन्द सिंह 1861 में मृत्यु पूर्व (संतान न होने पर) अपनी पत्नी को पुत्र गोद लेने का अधिकार दे गये थे। रानी साहबकुँवरि ने जटोई के ठाकुर रूपसिंह के पुत्र हरनारायण सिंह को गोद ले लिया। दत्तक पुत्र के साथ रानी अपने महल वृन्दावन में रहने लगी। राजा हरनारायन को भी कोई पुत्र नहीं था। उन्होंने मुरसान के राजा घनश्याम सिंह के तीसरे पुत्र महेन्द्र प्रताप को गोद ले लिया। इस प्रकार महेन्द्र प्रताप मुरसान राज्य को छोड़कर हाथरस राज्य के राजा बने।

महेन्द्र प्रताप का जन्म १ दिसम्बर १८८६ को एक जाट परिवार में हुआ, जो मुरसान रियासत (उत्तर प्रदेश का हाथरस जिला) के शासक थे। वे राजा घनश्याम सिंह के तृतीय पुत्र थे। जब वे ३ वर्ष के थे तब हाथरस के राजा हरनारायण सिंह ने उन्हें पुत्र के रूप में गोद ले लिया।

हाथरस राज्य का वृन्दावन में विशाल महल है उसमें ही महेन्द्र प्रताप का शैशव काल बीता। बड़ी सुख सुविधाएँ मिली। अलीगढ़ में बी. ए. तक शिक्षा ली लेकिन बी. ए. की परीक्षा में पारिवारिक संकटों के कारण बैठ न सके। जिंद रियासत के राजा की राजकुमारी से संगरूर में १९०२, उनका विवाह बलवीर कौर से हुआ। विवाह के समय वे कॉलेज की शिक्षा ले रहे थे। दो स्पेशल ट्रेन बारात लेकर गई। विवाह के बाद जब कभी महेन्द्र प्रताप ससुराल जाते तो उन्हें 11 तोपों की सलामी दी जाती। स्टेशन पर सभी अफसर स्वागत करते। उनके 1909 में पुत्री हुई- भक्ति, 1913

में पुत्र हुआ- प्रेम। देश-विदेश की खूब यात्राएँ कर, 1906 में जिंद के महाराजा की इच्छा के विरुद्ध राजा महेन्द्र प्रताप ने कलकत्ता में भारतीय राष्ट्रीय कांग्रेस के अधिवेशन में भाग लिया और वहाँ से स्वदेशी के रंग में रंगकर लौटे।

1909 में वृन्दावन में प्रेम महाविद्यालय की स्थापना की जो तकनीकी शिक्षा के लिए भारत में प्रथम केन्द्र बना, जिसके उदघाटन हेतू मदनमोहन मालवीय उपस्थित रहे। ट्रस्ट का निर्माण कर, अपने पांच गाँव, वृन्दावन का राजमहल और चल संपत्ति का दान दिया।

उनकी दृष्टि विशाल थी। वे जाति, वर्ग, रंग, देश आदि के द्वारा मानवता को विभक्त करना घोर अन्याय, पाप और अत्याचार मानते थे। वृन्दावन में ही एक विशाल फलवाले उद्यान को जो 80 एकड़ में था, 1911 में आर्य प्रतिनिधि सभा, उत्तर प्रदेश को दान में दे दिया। जिसमें आर्य समाज गुरुकुल और राष्ट्रीय विश्वविद्यालय है।

प्रथम विश्वयुद्ध से लाभ उठाकर भारत को आजादी दिलवाने के पक्के इरादे से वे विदेश गये। इसके पहले 'निर्बल सेवक' समाचार-पत्र देहरादून से राजा साहेब निकालते थे। उसमें जर्मन के पक्ष में लिखे लेख के कारण उन पर 500 रुपये का दण्ड किया गया जिसे उन्होंने भर तो दिया लेकिन देश को आजाद कराने की उनकी इच्छा प्रबलतम हो गई। विदेश जाने के लिए पासपोर्ट नहीं मिला। मैसर्स थौमस कुक एण्ड संस के मालिक बिना पासपोर्ट के अपनी कम्पनी के स्टीमर द्वारा इंगलैण्ड पहुंचे। उसके बाद जर्मनी के शासक से भेंट कर उन्हें हर संभव सहायता देने का वचन दिया। वहाँ से वह अफगानिस्तान, बुडापेस्ट, बुल्गारिया, टर्की पहुँचे। अफगान के बादशाह से मुलाकात कर, 1 दिसम्बर 1915 में काबुल से भारत के लिए अस्थाई सरकार की घोषणा की जिसके राष्ट्रपति स्वयं तथा प्रधानमंत्री मौलाना बरकतुल्ला को बनाया एवं स्वर्ण-पट्टी पर लिखा सूचनापत्र रूस भेजा।

अफगानिस्तान ने अंग्रेजों के विरुद्ध युद्ध छेड़ दिया। तभी वे रूस गये और लेनिन से मिले। परंतु लेनिन ने कोई सहायता नहीं की। 1920 से 1946 तक विदेशों में भ्रमण करते रहे। विश्व मैत्री संघ की स्थापना की। 1946 में भारत लौटे। सरदार पटेल की बेटी मणिबेन उनको लेने कलकत्ता हवाई अड्डे आ गईं थी। वे संसद-सदस्य भी रहे।

29 अप्रैल 1979 में उनका देहान्त हो गया। मार्च २०२१ में उत्तर प्रदेश सरकार द्वारा उनके नाम पर अलीगढ़ में "राजा महेंद्र प्रताप विश्वविद्यालय" स्थापित किया गया।

●●●

50. वीर शिरोमणि राजा राम व रामकी चाहर (जाट योद्धा)

गुलामी के दौरान मुगल आतंकी औरंगजेब की नाक में दम करने वाले बृज के दो बलशाली योद्धा राजाराम सिंह व रामकी चाहर (जाट) को समाज एवं सम्मान की रक्षा करने के लिए हमेशा याद रखिए। उनके बलिदान पर गौरवान्वित बृज का कण कण कोटि कोटि आभार व्यक्त करता रहेगा। 4 जुलाई 1688, मार्च में राजाराम व रामकी चाहर ने सिकंदरा में मुग़लों पर आक्रमण किया और 400 मुगल सैनिकों को काट कर मौत के घाट उतार दिया। राजाराम ने अकबर और जहांगीर की कब्र को तोड़ कर उनकी अस्थियों को बाहर निकालकर जला दिया था। लोक गीत मे उनके लिए कहा गया है -

''ढाई बसती मसती करी, खोद कब्र करी खड्ड।
अकबर अरु जहांगीर के, गाढ़े कढ़ी हड्ड''।।
टूट पड़ा रणबांका, बनकर मुगलों के चौबारों पर।
धधक उठा अंगारा बन, वो दुश्मन की सरकारों पर।।

धूल उड़ी गलियारों में, जब सीना तान चला था वो।
आज मुगल नही बचेगा, मन में ठान चला था वो।।

पद्मश्री हलधर नाग

एक आदिवासी हलधर नाग, जिन्हें कभी 'श्री' कहकर भी नहीं पुकारा गया। उनके पास केवल तीन जोड़ी कपड़े, एक टूटी हुई रबर की चप्पल, एक जोड़ी रिमलेस चश्मा और 732 रुपये की बचत। फिर भी, उन्हें पद्मश्री से सम्मानित किया गया है।

"साहब, मेरे पास दिल्ली जाने के लिए पैसे नहीं हैं, कृपया पुरस्कार डाक से भेज दीजिए।" ये शब्द पद्मश्री पुरस्कार विजेता हलधर नाग के हैं। हलधर नाग, ओडिशा के रहने वाले, कोसली भाषा में लिखने वाले एक प्रसिद्ध कवि हैं। उल्लेखनीय बात यह है कि वे अपनी सभी कविताओं और अपने द्वारा लिखे गए 20 महाकाव्यों को याद से सुना सकते हैं। उनके लेखन का संग्रह, 'हलधर ग्रंथावली 2' अब संबलपुर विश्वविद्यालय के

पाठ्यक्रम में शामिल किया जा रहा है।

हम इस असाधारण व्यक्ति को अपना सम्मान देते हैं और उनके योगदान को मान्यता देने के लिए पद्मश्री चयन समिति की सराहना करते हैं।

●●●

51. परम आनंद का वैज्ञानिक दृष्टिकोण

सूक्ष्म भौतिकी (क्वांटम फिजिक्स) में कंपन का मतलब ऊर्जा है। कोई भी भावना हमें एक कंपन उत्सर्जित करने का कारण बनाती है जो सकारात्मक या नकारात्मक हो सकती है। मुझे यह अनुभव है कि भौतिकी के दृष्टिकोण से हमारी कंपन आवृत्ति को कई प्रकार से प्रभावित किया जा सकता है। कुछ कारकों का विश्लेषण इस प्रकार से किया जा सकता है।

विचारः- हमारे विचार ब्रह्मांड में एक आवृत्ति उत्सर्जित करते है, और वह आवृत्ति मूल में वापस लौटती है, अर्थात हमारे स्वयं के पास! यदि हमारे पास नकारात्मक विचार, उदासी है तो यह सब हमारे पास वापस आयेंगे। यह बहुत महत्वपूर्ण है कि हम अपने विचारों की गुणवत्ता का ध्यान रखें और अधिक सकारात्मक विचारों को विकसित करना सीखें।

संगतः- हमारा वातावरण हमारी आवृत्ति पर सीधा प्रभाव डालता है।हम खुशमिजाज लोगों के साथ खड़े हैं, तो हम भी इस कंपन में प्रवेश कर लेतें हैं, अब यदि हम शिकायत करने वाले और निराशावादी लोगों से

घिरे रहतें हैं, तो हम अपनी कंपन आवृत्ति को कम कर रहे हैं।

संगीतः- संगीत बहुत शक्तिशाली होता हैं। हम जो सुनते हैं उनके बोलों पर ध्यान दें; हम जीवन में वही आकर्षित करते हैं जो हम कंपन करते हैं।

दृश्यः- जब हम दुर्भाग्य को संबोधित करने वाले कार्यक्रम देखते हैं, हमारा मस्तिष्क इसे वास्तविकता के रूप में स्वीकार करता है। हमारे शरीर में ऐसे रसायन को छोड़ता है, जिससे हमारी कंपन आवृत्ति प्रभावित होती है। वह देखें जो हमें अच्छा प्रभावित कराती हैं।

पर्यावरणः- चाहे घर पर हो या काम पर, अगर हम अपना ज़्यादातर समय अस्त - व्यस्त, गंदे माहौल में बिताते हैं, यह भी हमारी आवृत्ति को प्रभावित करता है। अतः अपने आस-पास को बेहतर बनाएँ। दिखाएँ कि हम बहुत कुछ प्राप्त करने के योग्य हैं। जो आपके पास पहले से है उसका भी ख्याल रखें!

बोल अनमोलः- हम शिकायत करते हैं या बुरा बोलते हैं, तो इसका असर हमारे आचरण, स्वास्थ्य और जीवन पर भी पड़ता है। कृपया अपने जीवन के विकल्पों की ज़िम्मेदारी लें।

कृतज्ञताः- कृतज्ञता हमारी आवृत्ति को सकारात्मक रूप से प्रभावित करती है, यह एक ऐसी आदत है जिसे हमको अभी अपने जीवन में शामिल कर लेना चाहिए। हर चीज़ के लिए धन्यवाद देना शुरू करें। यह अच्छी चीज़ों के प्रवाह के लिए द्वार खोलती है।

●●●

52. मन्द बुद्धि बालक की कहानी

एक बार की बात है एक मन्द बुद्धि बच्चा बचपन से ही सिपाहियों से घिरा रहता था। वह भी दूसरे बच्चों की तरह मिट्टी में खेलना चाहता था, बारिश के बहते पानी मे कागज की नाव बहाना चाहता था, गुल्ली डंडा खेलते बच्चों के साथ हमराह होना चाहता था। लेकिन माँ रोक लेती, बोलती ''तेरे पिता और दादी को सब मार दिए, तुझे खोना नहीं चाहती हूं''। बालक ठहरा 'मन्द बुद्धि', हर बार बचपन से समझौता करना ही पडता।

बालक धीरे धीरे बड़ा होने लगा, चारो तरफ सिपाहियों का पहरा और बढ़ता गया। कभी - कभी वह रोने भी लगाता। मां ने भी बार - बार कभी दादी की आपबीती कहती, कभी बाप की! उन्होंने कैसे खून से लथपथ उनकी गोद मे ही दम तोड़ दी थी। इतना सब के बावजूद बालक ने होश सम्हाला आश्रय बडा होने से है। मन्द बुद्धि बालकों के लिए नेतागीरी अच्छा कार्य है। कमाल देखिए यह बालक राजनीतिक ना होते हुए सांसद भी बन गया, और अब देश सम्हालने के लिए सपने देखने लगा। तैयारी भी जोर - शोर से चलने लगीं। माँ ने फिर जो लताड दी; बालक सहम गया!

''अभी सही वक्त नहीं है, तुम्हारे अन्दर अभी बचपना है, तुमने दुनियां

देखी नहीं है। पहले सीखो, किस तरह ये समाज, ये लोग गुजर बसर करते है।

बच्चा तो बच्चा है, निकल लिया अपने पहरे से बाहर! उसने अपने देश को देखा, जिसकी मिट्टी में उसके पिता समेत खानदान के तमाम लोग अपनी जान कुर्बान कर दिए। देश ही उसकी दुनियां बन गयी और वह भी दुनियां से रूबरू होने लगा। उसे नहीं मालूम था कि कौन दोस्त है, कौन दुश्मन; सबसे मिलता, गले लगाता। उसका इस नयी दुनियां मन लग रहा था। बचपन मे जो खोया, वो सब अब मिल रहा था। बड़े बूढ़ों का प्यार, स्नेह, नौजवान दोस्त आदि आदि।

बालक अब बचपन में छुटे सारे अच्छे - बुरे काम करना चाहता था, बिना किसी रोक-रूकावट। ट्रक वाले ड्राइवर भैया के साथ बैठा जिसे बचपन में बालकनी से जाते हुए देखता था। चाहे वो डिलेवरी ब्वाय हो, कुली भइया, मोटर मैकेनिक, खेत - खलिहान, किसान, मिस्त्री और मजदूरों को करीब से अनुभव किया। असल में वह इस देश की अनेकता में एकता की भारतीय परंपरा को समझ कर खुद को प्रेरित कर रहा था।

सीख :- कभी किसी बालक का बचपन नही छीनें, वरना वह दुबारा बालक बन सकता है। हर किसी को स्वेच्छापूर्वक जीवन जीने का अधिकार प्राप्त है।

●●●

53. कलयुग में खेती, व्यापार या नौकरी

एक कहावत ''उत्तम खेती, मध्यम व्यापार, अधम नौकरी'' सदियों से चलती आ रही है क्योंकि यह हमारे पूर्वजों के सतत परीक्षण, जाँच व अभ्यास के परिणामस्वरूप तैयार की गई थी। लेकिन जब से अंग्रेजों ने इस भारतीय भूभाग पर अपना आधिपत्य स्थापित किया, उन्होंने अपने लोगों की कमी होने के कारण स्थानीय लोगों को धन का लालच देकर ''नौकरी'' पर रखना आरम्भ कर दिया। उससे पहले इस भूभाग में सभी लोग एक दूसरे का सहयोग कर अपना काम करते थे और किसी भी प्रकार का 'क्रय विक्रय' में केवल अदला बदली ही होती थी। यदि अधिक मात्रा थी तो केवल 'अन्न' के बदले ही 'क्रय विक्रय' होता था क्योंकि उसी को असली धन माना जाता था। सारा भूभाग कृषि आधारित था।

हम जब विदेशी आक्रान्ताओं से स्वतंत्र हुए तब तक इस क्षेत्र में बहुत बदलाव आ चुका था। अधिकांश लोग कृषि से दूर हो चुके थे और केवल कुछ प्रतिशत लोग ही कृषि पर आधारित रह गए थे। इतने बड़े बदलाव का कारण केवल एक ही था कि अंग्रेजों ने यहाँ के लोगों को नौकरी दे कर

अपना गुलाम बना लिया। अंग्रेज़ों की नक़ल करके, अपने आप को ऊँचा प्रदर्शित करने मात्र के लिए, इस तरह के लोग, दूसरे लोगों या आम जनता से दूरी बना कर रहने लगे और उनके काम धन ले कर करने लगे। सरकारी नौकर को सरकारी तंत्र की आड़ में कई प्रकार के लाभ व सुरक्षा भी मिलने लगीं।

अंग्रेजों ने बड़ी चालाकी से नक़द धन या वेतन, के बदले में इस भूभाग के लोगों को अपना पक्का गुलाम बना कर, उनसे ही इस क्षेत्र के लोगों पर ज़ुल्म कराए। उन देशी नौकरों ने लूटने और आम लोगों पर ज़ुल्म करने के बहुत से रास्ते ढूँढ लिए। नौकर अपनी नौकरी के दौरान कुछ भी ग़लत काम कर दे, उसका कुछ नहीं बिगड़ता था, उनके बचाव के लिए अंग्रेजों ने पहले ही प्रबंध कर रखे थे। जब भी सरकारी व्यक्ति कोई ग़लत काम करे तो उस पर कोई अपराधिक कार्रवाई करने से पहले उस कर्मचारी के उच्चस्थ अधिकारी से स्वीकृति (सैंक्सन) लेनी आवश्यक है।

नौकरी करने वाले व्यक्तियों से आम जन बहुत परेशान रहता आया है, शायद इसीलिए हर व्यक्ति की इच्छा सरकारी नौकरी में जाने की रहती है। इसके लिए लोगों ने रिश्वत देनी आरम्भ कर दी और धीरे-धीरे स्थिति यह बन गई कि नौकरी के बदले में मिलने वाले वेतन और नौकरी के दौरान लोगों के बनते काम को रोक कर रिश्वत लेने की प्रथा के कारण, अब पहली वाली कहावत बदल गई है "उत्तम नौकरी, मध्यम व्यापार और अधम खेती"।

सरकारी नौकरी वाले लोगों से आम जन सदा से परेशान रहते आए हैं। इससे बचाव हेतू सामाजिक कार्यकर्ता अरुणा राय की अगुवाई में (राजस्थान) आंदोलन के कारण केंद्र सरकार ने वर्ष 2005 में सूचना का अधिकार नाम का क़ानून बना दिया। जिसमें कोई भी व्यक्ति किसी भी सरकारी आदेश या दस्तावेज की नक़ल सरकारी कार्यालय से ले सकता है, जिसके कारण सरकारी नौकर को वह काम करना पड़ता है। रिश्वतख़ोरी

का यह लेनदेन कैंसर से भी अधिक बुरा है।

वैसे व्यक्तिगत रूप से मुझे भी सरकारी नौकरी अच्छी लगती है, लेकिन बहुत दुखी हृदय से कह रहा हूँ कि सरकारी सेवा में रहते वाले 'अधिकतर' लोग कामचोर, बेईमान, बदतमीज़, अक्खड़ और रिश्वतख़ोर मिलते हैं। 'रिश्वत' शब्द भारतीय नहीं है क्योंकि इस पूरे भारतीय भूभाग पर लोगों में ईमानदारी व परिश्रम रचा बसा हुआ था और जब अंग्रेजों ने यहाँ के लोगों को नौकरी दी तो यहाँ के लोगों को भी धन व रिश्वत लेनी आ गई।

यह वह त्रासदी है कि सरकारी नौकर खुले सांड की तरह लूट मचाए हुए हैं। हर रिश्वतखोर व्यक्ति अपने आप को बहुत ईमानदार, नेक व देवदूत सरीखा बताने की कोशिश करता है और अपने साथ काम करने वाले दूसरे सभी लोगों को बहुत ही क्रप्ट, दुष्ट, बेईमान व लालची कहता रहता है।

●●●

54. समयानुसार खान-पान

आज हम चर्चा करने वाले हैं ऋतुओं अथवा माह के बदलने से हमारे स्वास्थ्य एवं खान-पान पर क्या असर पदता है। भारतीय परंपरा के अनुसार यदि हम अपनी दिनचर्या एवं खान-पान के प्रति जगरूक और ध्यान देते हैं, तब आप तुलनात्मक रूप से अधिक स्वस्थ, शांति प्रिय एवं स्फूर्ति पूर्वक जीवन यापन कर सकते हैं। आइए जानते हैं कि माह के अनुसार क्या बदलाव लाने चाहिए। आप अपने अनुसार भी कुछ बदलाव कर सकते हैं। यहाँ केवल एक संकेतात्मक बदलाव दिखाया गया है।

1. **चैत्र (मार्च-अप्रैल)** – इस महीने में गुड का सेवन करें, क्योकि गुड आपके रक्त संचार और रक्त को शुद्ध करता है एवं कई बीमारियों से भी बचाता है। चैत्र के महीने में नित्य नीम की 4 – 5 कोमल पतियों का उपयोग भी करना चाहिए; इससे आप इस महीने के सभी दोषों से बच सकते है। नीम की पतियों से शरीर में स्थित दोष हटते है।
2. **वैशाख (अप्रैल – मई)**– वैशाख महीने में गर्मी की शुरुआत हो

जाती है। बेल पत्र का इस्तेमाल इस महीने में अवश्य करना चाहिए जो आपको स्वस्थ रखेगा। इस महीने में तेल का उपयोग बिल्कुल न करे क्योकि इससे आपका शरीर अस्वस्थ हो सकता है।

3. **ज्येष्ठ (मई-जून) –** भारत में इस महीने में सबसे अधिक गर्मी होती है, अतः दोपहर में सोना स्वास्थ्य वर्द्धक होता है। ठंडी छाछ , लस्सी, ज्यूस और अधिक से अधिक पानी का सेवन करें। बासी खाना, गरिष्ठ भोजन एवं गर्म चीजो का सेवन न करे; अन्यथा आपका शरीर रोग ग्रस्त हो सकता है।

4. **अषाढ़ (जून-जुलाई) –** आषाढ़ के महीने में आम, पुराने गेंहू, सत्तु, जौ, भात, खीर, ठन्डे पदार्थ, ककड़ी, परमल, करेला आदि का उपयोग करें। इस महीने में भी गर्म प्रकृति की चीजों का प्रयोग करना आपके स्वास्थ्य के लिए हानिकारक हो सकता है।

5. **श्रावण (जूलाई-अगस्त) –** श्रावण के महीने में हरड का इस्तेमाल करना चाहिए। श्रावण में हरी सब्जियों का त्याग करे। दूध दही का इस्तेमाल भी कम करे। भोजन की मात्रा भी कम ले। पुराने चावल, पुराने गेंहू, खिचड़ी, दही एवं हलके सुपाच्य भोजन को अपनाएं।

6. **भाद्रपद (अगस्त-सितम्बर) –** इस महीने में भी हलके, सुपाच्य भोजन का इस्तेमाल करें। वर्षा का मौसम होने के कारण आपकी जठराग्नि भी मंद होती है, इसलिए भोजन सुपाच्य ग्रहण करे। इस महीने में प्राकृतिक औषधियों का सेवन करना चाहिए।

7. **आश्विन (सितम्बर-अक्टूबर) –** इस महीने में दूध, घी, गुड़, नारियल, मुन्नका, गोभी आदि का सेवन कर सकते है। ये गरिष्ठ भोजन है, फिर भी पच जाते है। इस महीने में हमारी जठराग्नि तेज होती है।

8. **कार्तिक (अक्टूबर-नवम्बर) –** कार्तिक महीने में गरम दूध,

गुड, घी, शक्कर, मुली आदि का उपयोग करे। ठंडे पेय पदार्थो का प्रयोग छोड़ दे। छाछ, लस्सी, ठंडा दही, ठंडा फ्रूट ज्यूस आदि का सेवन न करे, इनसे आपके स्वास्थ्य को हानि हो सकती है।

9. **अगहन (नवम्बर-दिसम्बर)** – इस महीने में ठंडी और अधिक गरम वस्तुओ का प्रयोग न करे।

10. **पौष (दिसम्बर-जनवरी)** – इस ऋतू में दूध, खोया एवं खोये से बने पदार्थ, गौंद के लाडू, गुड़, तिल, घी, आलू, आंवला आदि का प्रयोग करे। ये पदार्थ आपके शरीर को स्वस्थ रखैंगे। ठन्डे पदार्थ, पुराना अन्न, मोठ, कटु और रुक्ष भोजन का उपयोग न करे।

11. **माघ (जनवरी-फ़रवरी)** – इस महीने में भी आप गरम और गरिष्ठ भोजन का इस्तेमाल कर सकते है। घी, नए अन्न, गौंद के लड्डू आदि का प्रयोग कर सकते है।

12. **फाल्गुन (फरवरी-मार्च)** – इस महीने में गुड का उपयोग करे। सुबह स्नान का नियम बना ले। चने का उपयोग न करे।

●●●

55. आजकल के बर्तन

आजकल की भाग दौड़ भरी जिंदगी में, हर कोई समय को बचाकर, हल्की ज़िन्दगी जीना चाहता है। अधिकांश लोग ऐसे है जिनको भारी धातुओं से बने बर्तनों में खाना खाने के फायदे ही नही मालूम या भारी धातुओं की पहचान ही नही है? यदि आपके घर में आज भी पीतल, तांम्बा, गिल्ट, कांसा आदि के बर्तनों में खाना बनता है या परोसा जाता है तो आप सच में धनवान है।

मेरे बचपन के समय मे हमारे और अधिकांश रिस्तेदारों (फूफी, नानी, मोसी) के घर में ऐसे कई बर्तन देखे जा सकते थे या उनमे बहुत बार खाना भी खाया हो। लेकिन आज खुद मेरे घर पर बर्तन तो हैं, कैसे मैलामाइन, स्टील, प्लास्टिक, ऐल्यूमीनियम के। क्योंकि इनका रखरखाव आसान व किफायती है, चाहे स्वास्थ्य के लिए हानिकारक है। इसी कारण लोग एल्यूमिनियम और प्लास्टिक के बर्तनों से घर को भरते रहते है, जिनके टूटने पर इन्हें फेंकने के अलावा और इनकी कोई क़ीमत नहीं होती। जबकि ताँबा, पीतल, कांसे, के बर्तन टूटने के बाद भी काफी ज्यादा क़ीमत देकर

जाते हैं।

पुराने जमाने मे लोहे, एल्युमिनियम के बर्तन को अच्छा नही माना जाता था। इसी से जुडी एक कहावत थी ''बिटिया को लोहा लंक्गड कौन देता है''। स्टील के बर्तनों को तब के लोग लोहा ही कहते थे। उस समय सबके घर मे मिट्टी, कांसे, पीतल, ताँबे के बर्तन भरे रहते थे। इन्ही में खाना बनता और परोसा जाता था, जो स्वास्थ्य की दृष्टि से भी अच्छा होता था।

समय-समय की बात है, सब बदल दिया! अब वस्तुओ की कीमत उनके गुणों से नहीं, बल्कि उनके रंग-रूप से निर्धारित होती है। आज भी कुछ लोग भारी-भरकम धातुओं के बर्तनों का उपयोग कर रहे हैं, क्यूंकि उन्हे अभी जीना है।

●●●

56. वधु द्वारा अन्न को पीछे की ओर उछालना

अक्सर आपने ध्यान दिया होगा कि विवाह समारोह मे काफी-कुछ रस्मे की जाती है, जिन्हे हम लोग अज्ञानतावश नही जान पाते। आज हम इसी प्रकार की एक रस्म के बारे में कुछ समझने की कोशिश करते हैं।

विवाहोत्सव के पश्चात जब बेटी विदा हो रही होती है तो वह पिता की दहलीज लांघते समय, बिना पीछे पलटे अपने पीछे की और चावल और पैसे उछलकर बाहर निकल जाती है। क्योकि लड़की को लक्ष्मी के तुल्य माना जाता है, अतः इसका तात्पर्य यह होता है कि वह लक्ष्मी स्वरुप अपने साथ मायके का सौभाग्य लेकर नहीं जाए और मायका हमेशा अन्न और धन से भरा रहे।

अब आज का दुरुपयोग, आजकल यह रस्म घर की बजाय रिसोर्ट और महंगे होटलों में अदा की जा रहीं है। इसके परिणामस्वरूप, सौभाग्य घर की बजाय होटल और रिसॉर्ट पर ज्यादा बरस रहा है।

आज के परिवेश में रस्मो को गहराई से समझने की बहुत अधिक आवश्यकता है। अभी भी समय है संभल जाएंगे तो अच्छा है। आधुनिक बनिए लेकिन अपनी परंपराओं को बचाकर।

"कलेवर बदलिए, कल्चर नहीं"

●●●

57. बरसिम

यह एक तरह का पालतू पशुओं का सबसे सुलभ, पसंदीदा हरा चारा है। गांव में लगभग हर घर में एकाध गाय, भैंस जरूर पाला जाता है, उसके चारे के लिए बरसीम बोई जाती है। कुछ लोग इसका क्रय - विक्रय भी करते हैं। इसे अन्य पशु चारे में मिलाकर भी प्रयोग कर सकते हैं।

बरसीम ऐसा पौधा है जो पूरी तरह से काटने के बाद भी, अतिशीघ्र (तीसरे दिन) बढ़ आता है और पुनः काटने योग्य हो जाता है। ये बेहद नर्म घास होती है। मेरे घर-परिवार में भी बोई जाती है। बचपन मे जब कोई देख नहीं रहा होता था, तब हम लोग इसमें लैटा करते थे। क्योंकि नर्म नर्म हरी घास में लोटना बड़ा आनंदित करता था। कोई देखता था तो डांट पड़ती थी क्योंकि पौधे गिर जाते थे तो काटने में दिक्कत होती थी। इसमें गोल गोल बड़े प्यारे प्यारे फूल आते हैं।

अंतिम कटान के समय थोड़ा सा छोड़ दिया जाता है, ताकि अगले वर्ष बीज के लिए हो जाए। बरसीम के बीच में राजगीरा, पीली सरसों, चौलाई, बाखला आदि भी छिड़क देते हैं, जिसे बरसीम काटते समय छोड़ते रहते हैं।

जब तक बरसीम की अंतिम कटान तक पशुओं के लिए चारा मिले साथ में राजगीरा और सरसों की फसल भी तैयार हो जाती है।

●●●

58. सकरात (मकर संक्रान्ति)

मेरी तो सकरात कल से ही मन रही है, एक टाइम था जब हर साल सकरात पर स्वेटर, जर्सी, कम्बल, चादर आती थी .... कोई ना जी सुसराल से।। अंतरात्मा तृप्त सी हो जाती थी...

हमारा देश एक विभिन्नता वाला देश है, पग-पग पर विभिन्नता फैली पड़ी है। ऐसा मानते है कि सूरज अपनी जगह पर स्थिर है और पृथ्वी घुमक्कड़ है वो रूकती नहीं। हमेशा घूमती रहती है, कभी अपने ही चारो तरफ, तो कभी सूरज के चारो तरफ... धीरे-धीरे जब वो सूरज से दूर जाती है तो उसे बोलते है दक्षिणार्ध जा रही है, इस दौरान धीरे-धीरे दिन छोटे और रात बड़ी होनी शुरू हो जाती है। 6 महीने दूर जाने के बाद उसका मन बदल जाता है और वो सकरांत के दिन से वापिस सूरज की तरफ आनी शुरू हो जाती है तो उसे बोलते है उत्तरायण। अब धीरे-धीरे दिन बड़े और रात छोटी होनी शुरू हो जाती है। आज वो शुभ दिन है जब धरती माता उत्तरायण की तरफ चल दी है (इसमे भी अब कन्फ्यूजन आ गया है 14 या 15) अब भारत के लोग है मनमौजी, मस्त-मलंग .... चलो जी उत्तरायण

होने की ख़ुशी को सेलेब्रेट करते है ..... ये सेलेब्रेशन चलता है पुरे भारत और नेपाल में। बस मनाने का तरीका अलग-अलग है ..... मैं चुँकी उत्तर भारत में रहता हु मैं अपनी बता सकता हु औरो को और जाने .....।

हम शुरू करते है सुबह सुबह नहाने से, रिवाज है कि रौशनी आने से पहले जो नहायेगा उसके पाप धूल जाते है। भाई मैं तो सुबह 5 बजे ही ब्रह्म मुहर्त में नहा लिया था, पता नहीं लोग कैसे महीने-महीने नहीं नहाते मेरे तो 7 - 8 दिन में ही खुजली होनी शुरू हो जाती है। सुबह जल्दी नहा कर पिछले सप्ताह से चले आ रहे स्नान व्रत को मैंने तोड़ दिया। ये इस साल का मेरा पहला स्नान है नोट कर लेना सभी क्या पता पेपर में आ जाए ....।

चलो वापस सकरात पर आते है ...... सुबह-सुबह सभी घरो के बाहर तपने के लिए आग जलानी जरूरी है, ये भी एक जरूरी कर्म है, ये ना किया तो घर में अपशुगन हो जाता है। मैं इस परम्परा का भी कठोर शब्दों में निंदा कर सकता हुँ। क्योंकि यहाँ सास, ऑक्सीजन लेना मुश्किल हो रखा है ऊपर से सभी खुले में जलावन कर रहे है। पहले का जमाना अलग था तब इतना पोलुशन नहीं था, खुले में कुओ पर नाहते थे तो ठण्ड लगती थी उससे बचने के लिए जलावन करते थे। अब मोस्टली जलावन से कोई तपता नहीं है, सिर्फ एक फॉर्मेलिटी रह गई है। नए रिवाज अपना रहे हो तो पुरानो को त्यागने में ही भलाई है (ज्ञान ख़तम), जिसने जो करना है करो .... सब समझदार है।

अब आगे सुनो, फिर हम खाते है चूरमा या हलवा, अब तक ये सब ट्रायल था, बोले तो स्टार्टर ......। असली त्यौहार तो अब शुरू होता है ...... रूठने-मनाने का ....। अब आदमियन (मेल ,फिमेल) लोग मुँह फुलाकर रूठ जाते है और औरतन लोग, आदमियन लोगन को मनाती है । नए कपडे देगी, कम्बल देगी, खेश देगी, ऊपर से केश भी देगी। हम खुशनसीब लोग है जहा साल में एक बार ही सही, आदमियन लोगो को मनाया जाता है। बाकि हर जगह आदमियन लोग ही औरतन लोगन को

मनाते है वो भी पुरे साल!!

नहा लिया हुँ, हलवा बनने लग रहा है, बस मुझे वो खाना है और फिर मुँह सुजा कर रजाई में घुस जाना है, अगर किस्मत अच्छी हुई तो कोई आज मुझे भी मना लेगा, ना तो शाम होते - होते मैं खुद ही मान जाउगा ..।

●●●

59. प्रभाव

एक बार की बात है वैज्ञानिक आइंस्टीन और उनके ड्राइवर साथ बैठे थे। ड्राइवर ने आइंस्टीन से प्रार्थना करते हुए निवेदन किया- ''सर,आप हर सभा में जो भाषण देते हैं, वह मैंने याद कर लिया है।'' आइंस्टीन हैरान रह गये!

फिर उन्होंने कहा, ''ठीक है, मैं अगली बैठक में जहां जा रहा हूं, वे मुझे नहीं जानते, आप मेरे स्थान पर भाषण दीजिए और मैं ड्राइवर बनूंगा।'' ऐसा ही हुआ! अगले दिन बैठक में ड्राइवर मंच पर चढ़ गया और ड्राइवर हूबहू आइंस्टीन की तरह भाषण देने लगा। दर्शकों ने भी जमकर तालियां बजाईं। फिर वह, यह सोचकर गाड़ी के पास आया कि आज तो आइंस्टीन ड्राइवर है।

तभी एक प्रोफेसर उसके (ड्राइवर) के पास आकर पूछने लगा, ''सर, आपने जो कुछ भी कहा, क्या आप एक बार फिर संक्षेप में बताएंगे ?'' असली आइंस्टीन ने देखा ये बड़ा खतरा हो सकता है!! हो सकता है इस बार ड्राइवर पकड़ा जाए। लेकिन ड्राइवर का जवाब सुनकर वह भी हैरान

रह गये!

ड्राइवर ने आगन्तुक को उत्तर दिया - ''क्या यह साधारण बात आपके दिमाग में नहीं आई? इस प्रकार की साधारण सी बात को मेरे ड्राइवर से ही पूछिए वह आपको समझाएंगे।''

नोट : ''यदि आप बुद्धिमान लोगों के साथ चलते हैं, तो आप भी बुद्धिमान बनेंगे और मूर्खों के साथ ही सदा उठेंगे-बैठेंगे तो आपका मानसिक तथा बुद्धिमता का स्तर और सोच भी उन्हीं की भांति हो जाएगी !!''

●●●

60. सार्थक भविष्य

किसी भी देश, धर्म, समाज, जाति अथवा बेहतर मानव की उन्नती मे सबसे बड़ी बाधक, वहाँ की राजनीति नही है। सत्ता में कभी भी ताकतवर हुआ जा सकता है या दूसरो को राजनीतिक समर्थन देकर, किसी भी छल - बल से बचा जा सकता है। अग्रणी बने रहने के लिए सबसे बड़ी समस्या धार्मिक भी नही है। लेकिन इसके लिए काल्पनिकता के भरोसे न रहकर, सांसारिक मामलों मे भरोसा करने वाली नस्ल बनना होगा।

कुछ नये विचार, आम इन्सान की सोच और स्वीकार्यता को प्रभावित कर सकते है। खेती कैसे अच्छी होगी, ज्यादा से ज्यादा दूध के लिए बेहतर पशुपालन, अच्छी आमदनी के लिए निपुणता। उम्र के विभिन्न पड़ावों से गुजरते हुए अध्यात्म को खुद-ब-खुद अनुभव किया जा सकता है।

दुनिया भर के काल्पनिक षड्यंत्रों द्वारा भी एक स्वाभाविक, निडर इन्सान को गिराया नही जा सकता है। क्योंकि वह किसी भी तरह की लड़ाई, षड्यंत्र में इकट्ठा होना जानता है। धन संपत्ति इकट्ठा न हो पाना भी एक सामाजिक इन्सान को कमजोर नही कर सकता है, यदि वह मेहनती

है, लड़ाकू है, शारीरिक और मानसिक रूप से मजबूत भी है। धन संपत्ति को तो कोई भी मेहनत और सहयोग से जुटा ही लेगा। लेकिन आज हर घर की आर्थिक व सामाजिक स्थिति औसतन तीसरी पीढ़ी तक आते - आते बदल जा रही है। इस क्षय पर शोध और विचार - विमर्श अवश्य होना चाहिए। अन्यथा इन सारी बकवास बाजी में लगाई गई ताकत, आगे चलकर बेमतलब ही बर्बादी का कारण बनेगी।

आज की सबसे भयानक समस्या, प्राकृतिक रूप से अपने बच्चों के वैवाहिक रिश्ते न बचा पाना भी है। इंटरकास्ट सम्बन्ध और बच्चों की सही उम्र तक शादी न हो पाना भी जटिल समस्या बनती जा रही है। हमारे जेनेटिक गुणों में जितनी ज्यादा मिक्सिंग होगी, उतने ही खतरनाक स्तर पर हम अपने हर पैतृक गुण को खोते जायेगें और विलुप्त भी हो सकते हैं। सब कुछ खोकर दोबारा हासिल किया जा सकता है लेकिन डीएनए फिर से रिस्टोर नही किया जा सकता। जेनेटिक गुणों में जो मिलावट होगी वो फिर से शुद्ध नही की जा सकती। हम कहेंगे पहले परिवार बनाओ और बर्बाद होते परिवार बचाओ; तब आपकी भविष्य की सारी बहस और संघर्ष सार्थक हो सकेंगे।

●●●